SCHACH
BEI
FRANCKH

Alexander Koblenz

Schach – Kombinationen

Systematische, schachtaktische Übungen

Franckh'sche Verlagshandlung
Stuttgart

Aus dem Englischen übertragen und bearbeitet von Rudolf Teschner
Titel der englischen Ausgabe: „Chess Combinations“
erschienen bei The Chess Player Ltd, Nottingham, England
unter ISBN 0-900928-948

Die Originalausgabe erschien in der UdSSR

146 Diagramme im Text

Umschlaggestaltung von Edgar Dambacher unter Verwendung eines Dias
von Uwe Höch

CIP-Kurztitelaufnahme der Deutschen Bibliothek

Koblenc, Aleksandr:
Schach-Kombinationen: systemat., schachtakt.
Übungen / Alexander Koblenz. [Aus d. Engl. übertr.
u. bearb. von Rudolf Teschner]. – 2. Aufl. –
Stuttgart: Franckh, 1981.
(Schach bei Franckh)
ISBN 3-440-04789-X

NE: Teschner, Rudolf [Bearb.]

2. Auflage/7. – 10. Tausend
Franckh'sche Verlagshandlung, W. Keller & Co., Stuttgart / 1981

Printed in Germany / Imprimé en Allemagne/L 19Fi H hc/ISBN 3-440-04789-X
Gesamtherstellung: Brönner & Daentler KG, Eichstätt

Schach – Kombinationen

Einführung

Schachkombinationen erfüllen jeden Liebhaber des Königlichen Spiels mit wirklicher Freude. Wir bewundern die Schönheit der Kombinationen, in denen der stille Kampf der weißen und schwarzen Figuren die phantastischsten Ideen hervorbringt.
Der Schachspieler kann sich nur als Künstler betrachten, wenn es ihm gelingt, die Geheimnisse tiefer kombinatorischer Ideen herauszufinden und so eine schöpferische Rolle auf diesem einzigartigen Feld zu spielen. Der Pfad zur Meisterschaft in dieser Kunst ist jedoch mit Dornen übersät. Das Ziel ist nur durch andauerndes, regelmäßiges Training beim praktischen Spiel zu erreichen.
Wenn er dieses Buch durcharbeitet, wird der Leser sozusagen bei den Trainingssitzungen anwesend sein, die ich im Schachklub Riga abgehalten habe, wo ich versuche, meine Schüler mit den wichtigsten kombinatorischen Ideen vertraut zu machen. Besondere Bedeutung messe ich dem unabhängigen Training meiner Schüler mit Hilfe des Durcharbeitens praktischer Übungen bei. Diese Übungen sollen den Vorgang der Entwicklung kombinatorischer Vorstellungskraft beschleunigen und den Leser lehren, unabhängig zu denken, so daß er in unerwarteten Lagen nicht fehlgreift.

Alexander Koblenz

Erklärung der Zeichen und der Notation

Die 32 Steine und ihre Symbole

	Weiß		*Schwarz*		In Notation
Je 1	♔		♚		K = König
Je 1	♕		♛		D = Dame
Je 2	♖	♖	♜	♜	T = Turm
Je 2	♗	♗	♝	♝	L = Läufer
Je 2	♘	♘	♞	♞	S = Springer
Je 8	♙		♟		Ohne Zeichen *(Nur bei Stellungsangabe wird B geschrieben)*

So werden die Züge notiert

Das Schachbrett wird so gelegt, daß das linke Eckfeld schwarz ist. Die Waagerechten („Reihen“) tragen die Ziffern 1 bis 8, die Senkrechten („Linien“) die Buchstaben a bis h, so daß jedes einzelne Feld durch eine Kombination von Buchstabe und Zahl unveränderlich bezeichnet ist. Die weißen Steine stehen auf der ersten und zweiten, die schwarzen auf der siebten und achten Reihe.
Dem Leser sei empfohlen, das benützte Schachbrett durchgehend wie hier gezeigt zu beschreiben, damit er sich ohne Zeitverlust zurechtfindet. Für das Aufschreiben der Züge be-

	a	b	c	d	e	f	g	h
8	a8	b8	c8	d8	e8	f8	g8	h8
7	a7	b7	c7	d7	e7	f7	g7	h7
6	a6	b6	c6	d6	e6	f6	g6	h6
5	a5	b5	c5	d5	e5	f5	g5	h5
4	a4	b4	c4	d4	e4	f4	g4	h4
3	a3	b3	c3	d3	e3	f3	g3	h3
2	a2	b2	c2	d2	e2	f2	g2	h2
1	a1	b1	c1	d1	e1	f1	g1	h1

nützt man entweder die „ausführliche" oder die „abgekürzte" Notation. Bei der ausführlichen gibt man das Feld an, auf dem die Figur steht, und dann das Feld, auf das sie zieht. Dazwischen steht ein Bindestrich. Bei der abgekürzten Methode werden Ausgangsfeld und Bindestrich weggelassen. Die Figur wird mit dem großen Anfangsbuchstaben, in manchen Veröffentlichungen auch mit einem Figurensymbol bezeichnet; auf das „B" (für Bauer) wird der Einfachheit halber verzichtet. Falls zwei gleiche Figuren auf das gleiche Feld ziehen können (bei Springer oder Turm), muß der ursprüngliche Standort (Angabe der Reihe oder der Linie) hinzugefügt werden. Wenn zum Beispiel zwei Springer auf c3 und d2 stehen und derjenige auf c3 zieht nach e4, lautet der Zug in ausführlicher Notation Sc3-e4, in abgekürzter Schreibweise S3e4.
Das Schlagen eines Steins wird in der ausführlichen Notation durch ein liegendes Kreuz anstelle eines Bindestrichs bezeichnet, bei der abgekürzten Schreibweise durch einen nachgestellten Doppelpunkt, zum Beispiel Ke1xe2 beziehungsweise Ke2:.
Schlägt ein Bauer, genügt es in der Kurznotation, die Linie anzugeben, auf der er steht, und die Linie, auf die er hinüberwechselt. Der Doppelpunkt entfällt. Die Züge 1.e2-e4 d7-d5 2.e4xd5 heißen in Kurzform 1.e4 d5 2.ed.
Die tatsächlich geschehenen Züge werden meistens in ausführlicher Schreibweise wiedergegeben, die Anmerkungen oder Analysen in der abgekürzten. Stehen drei Punkte hinter der Zugzahl (zum Beispiel 1. . . .), folgt ein Zug der schwarzen Partei; der weiße Zug ist also bereits geschehen.

Es bedeuten:

-	zieht nach
x	schlägt
:	schlägt (Kurznotation)
†	Schach
††	Doppelschach
‡	matt
!	guter Zug
!!	sehr guter Zug
!?	interessanter Zug (zweischneidig)
?	schwacher Zug
??	grober Fehlzug
?!	fraglicher Zug, aber interessant
0–0	kurze Rochade
0–0–0	lange Rochade
e.p.	en passant (Schlagen im Vorübergehen)

Bei der Umwandlung eines Bauern in die Dame wird das Symbol der Figur, in die sich der Bauer verwandelt, hinter den letzten Zug des Bauern auf die Grundreihe gesetzt.

Die magische Welt ...

Der Science fiction-Autor und Komponist von Endspielstudien Alexander Kasanzev ist einmal von Journalisten gebeten worden, auf die Frage zu antworten: „Warum lieben wir das Schachspiel?"
Seine Antwort lautete: „Ich liebe das Schachspiel, weil in diesem Spiel manchmal das Unmögliche möglich wird, was auf gewisse Weise auch auf das Leben zutrifft. Paradox ist, wenn die schwächere Seite die stärkere besiegt, aber wie oft passiert das beim Schach!"
Um seinen Standpunkt zu beweisen, führte der Komponist dann eine Studie an, für die er mit dem 1. Preis bei einer Schacholympiade ausgezeichnet wurde.

Diagramm 1

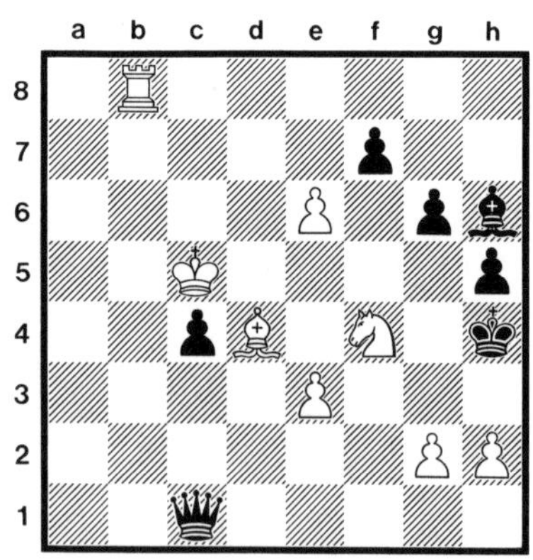

Die Aufgabe des Lösers lautet: „Weiß zieht und gewinnt." Arbeiten Sie bitte die Lösung sorgfältig durch.

1.e6-e7

Um seine einzige Chance, den Freibauern, auszunützen.

1. ...	**Dc1-a3†**
2.Tb8-b4!	**Da3-a7†**
3.Kc5xc4!	**Da7xe7**
4.Sf4xg6†!	**f7xg6**
5.Ld4-f6†	**De7xf6**
6.Kc4-d5†	**Kh4-g5**
7.h2-h4†	**Kg5-f5**
8.g2-g4†	**h5xg4**
9.Tb4-f4†!	**Lh6xf4**
10.e3-e4‡!	

Es gibt das Nebenspiel im 6. Zug, wenn Schwarz auf f4 eine Figur dazwischenstellt. Weiß erhält dann jedoch ein gewonnenes Bauernendspiel, obwohl das Ende der Partie damit hinausgezögert werden kann (6. . . . .Lf4 7.Tf4:† Df4: 8.ef Kg4 9.Ke5 h4 10.Ke4 h3 11.g3 Kh5 12.Kf3 g5 13.f5 und gewinnt).
Vergleichen Sie Diagramm 2 mit Diagramm 1 und Sie werden erkennen, warum diese faszinierende Studie so entzückend ist. Für die Sache einer unerwarteten Idee brachte Weiß große materielle Opfer.
(Siehe Diagramm 2 rechte Seite)
Er gab Turm, Läufer, Springer und zwei Bauern. Es schien so, als ob sein gewaltiger materieller Vorteil

Diagramm 2

Diagramm 3

dem Schwarzen den Gewinn garantieren würde, doch die rohe Gewalt mußte der Schönheit einer Idee weichen, in diesem Fall der Idee von Selbstverstellungen.

Wir sind soeben Zeuge von Ereignissen gewesen, die von der Schachtheorie als „Kombinationen" bezeichnet werden („Kombination" ist ein Wort lateinischen Ursprungs und bedeutet die Verbindung verschiedener Eigenschaften oder Umstände zu einer Sache, die als ein Ganzes betrachtet werden kann).

Man kann ohne Übertreibung sagen, daß Kombinationen die Schachpartie in den Rang einer Kunst erheben. Darum erklärte der große russische Spieler Aljechin: „Für mich ist Schach nicht ein Spiel, sondern eine Kunst. Ja, ich betrachte Schach als Kunst, und ich nehme alle die Verantwortlichkeiten auf mich, die eine Kunst ihren Anhängern auferlegt."

Ist es in dieser Studie von Slezki wirklich denkbar, daß der schwarze König in einem fernen Winkel mattgesetzt wird, umgeben von seiner machtlosen Begleitmannschaft?

1.Dg1-g5!

Das droht mit Hilfe der einfachen Umwandlung eines Bauern zu gewinnen. Falls 1. . . .Ld7:, so 2.Sd3-f4 mit der siegreichen Drohung 3.Lh5†. Darum:

1. . . .	**Kf7-e6†**
2.Kf2-g1	**Ke6xd7**
3.Sd3-c5†	**Kd7-c8**

Über einen hübschen Damengewinn verfügt Weiß nach 3. . . .Kd6 4.Dg3† Kd5 5.Lc4† Kc4: 6.Db3† Kc5: 7.Da3† und 8.Df8:, und das Endspiel Dame gegen Läufer und Springer ist ein technischer Gewinn. Nun folgt

4.Le2-a6†	**Kc8-b8**
5.Dg5-g3†	**Kb8-a8**
6.La6-b7†!	**Lc6xb7**
7.Sc5-d7	**Df8-d8**

Dank des zweiten Zuges von Weiß befindet sich der König nun auf einem Feld, wo er vor Schachgeboten sicher ist.

8.Dg3-b8†! **Dd8xb8**
9.Sd7-b6‡

Diagramm 4

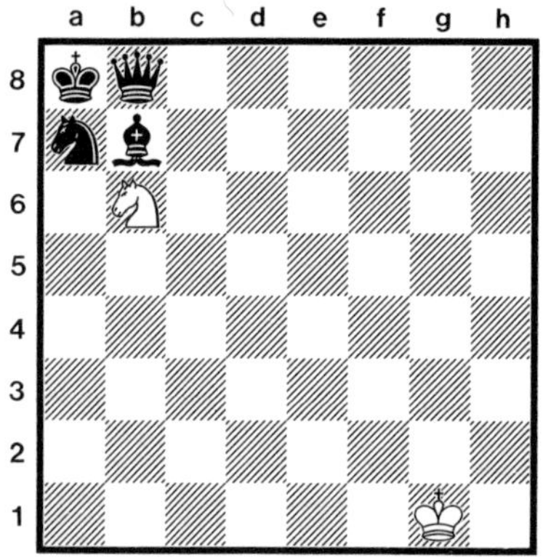

Der König ist dem sogenannten erstickten Matt zum Opfer gefallen. Wie im ersten Beispiel, haben die eigenen Figuren seine Fluchtfelder blockiert.

Die bisher gesehenen beiden Beispiele haben das Matt des feindlichen Königs zum Ziel. Es gibt jedoch andere Arten von Kombinationen. Der Zweck kann im Materialgewinn oder der Rettung aus scheinbar hoffnungsloser Lage bestehen.

(Diagramm 5 rechte Spalte)
Schwarz hoffte, nach dem ruhigen Zug 10.f4 zur Deckung des Bauern e5 mit 10. . . .Sb3: 11.ab d6! fort-

Diagramm 5
Fischer – Reshevsky
(USA-Meisterschaft 1958)

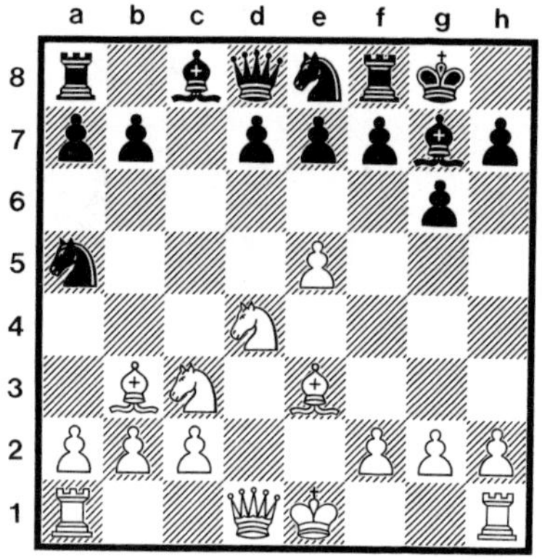

Weiß am Zug

setzen und das weiße Zentrum unterminieren zu können. Statt dessen führt Weiß einen eindrucksvollen kombinatorischen Schlag aus.

10.Lb3xf7† **Kg8xf7**
Oder 10. . . .Tf8xf7 11.Sd4-e6 mit Gewinn der Dame.

11.Sd4-e6!
und Schwarz ist in Schwierigkeiten, weil er die Dame verlieren muß. Falls 11. . . .Ke6:, so 12.Dd5† Kf5 13.g4† Kg4: 14.Tg1† mit baldigem Matt.

Beachten Sie, daß die ungedeckte Stellung der schwarzen Dame die Kombination möglich machte. Ungedeckte oder „hängende“ Figuren sind ein charakteristisches Merkmal solcher Kombinationen.

Diagramm 6
P. Heuäcker
(Neue Freie Presse Wien, 1939)

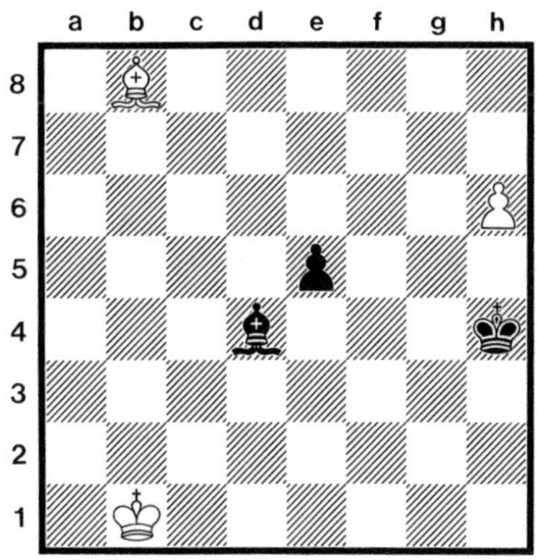

Weiß am Zug

In dieser Studie von Paul Heuäcker ist der weiße Bauer weit vorgerückt, nur zwei Felder von der Umwandlung entfernt, doch das gradlinige 1.h7? e4 führt nur zum Remis.

1.Lb8-a7!

Um den schwarzen Läufer von der Deckung des Umwandlungsfeldes abzuziehen.

1. . . .	**Ld4-c3**
2.Kb1-c2	**Lc3-a1**
3.La7-d4!	

Ein paradoxer Zug, der den Gewinn erzwingt.

3. . . .	**La1xd4**

Nimmt der Bauer, so blockiert 4.Kd3 den Bd4, und die Umwandlung des h-Bauern ist nicht mehr zu verhindern.

4.Kc2-d3!	**Ld4-a1**
5.Kd3-e4!	

Nun ist der Bauer festgenagelt, der Läufer ausgesperrt und Weiß wandelt den Bauern um.

Diagramm 7
G. Mattison

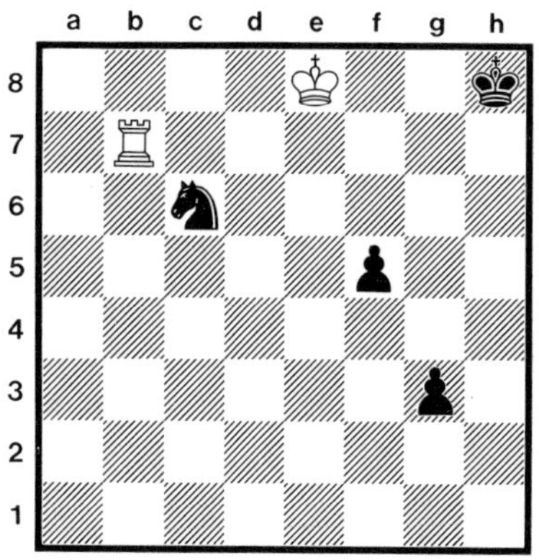

Weiß am Zug

Die schwarzen Bauern sind in dieser Studie sehr gefährlich. Weiß kann sie nicht stoppen, doch eine Pattidee rettet ihn.

1.Tb7-b3	**f5-f4**
2.Tb3-f3	**g3-g2**
3.Tf3xf4	**g2-g1D**
4.Tf4-h4†	**Kh8xg7**
5.Th4-g4†!	**Dg1xg4 patt.**

Anstatt den Bauern umzuwandeln, könnte Schwarz 3. . . .Se5 versuchen, worauf Weiß 4.Tf5 g1D (Sf3? 5.Kf7!) 5.Th5† Kg7 6.Tg5† Dg5: mit dem gleichen Ausgang fortfährt. Uns verbleibt lediglich, die theoretische Bedeutung einer Kombination auszudrücken. Eine Kombination kann definiert werden als eine

zwangsläufige Fortsetzung, die mit einem Materialopfer verbunden ist und das Erreichen eines objektiven Vorteils zum Ziel hat.
In jeder Kombination können wir drei Punkte unterscheiden:
1. Das Motiv oder den Umstand, der die Möglichkeit einer Kombination anzeigt.
2. Die Idee – das Mittel, die Kombination auszuführen.
3. Das Ziel – die Ergebnisse, die mit der Kombination erreicht werden.
So war in Heuäckers Studie das Motiv für die Suche einer Kombination der weit vorgerückte Freibauer, das Mittel der Ausführung war Ablenkung (1.La7) und Festlegung, das Ziel war die Umwandlung des eigenen Bauern.

Praktische Übungen

Erinnern Sie sich an Ihre erste Schachpartie? Sie spielten wie im Dunkeln tappend mit dem Hauptziel, sich an die Regeln zu erinnern. Sie erkannten grundsätzlich taktische Schläge nicht, sie büßten Material ein und fielen auf das Schäfermatt 1.e4 e5 2.Dh5 d6 3.Lc4 Sf6 4.Df7: herein. Sie haben jedoch nicht aufgegeben. Warum? Möglicherweise hatten Sie es gern, Kommandant einer hölzernen Armee zu sein, Sie wurden durch die Freude am Kampf mitgerissen, und Sie erkannten bald, daß Schach sehr anziehend und voller versteckter Geheimnisse ist. „Ideen entwickeln, ist eine dynamische Tätigkeit", wie Meyerhold es ausdrückte.
Die Ausführung einer Kombination auf dem Schachbrett ist ein echter schöpferischer Akt. Sie müssen Ereignisse vorhersehen, Ihre Steine zwingen, in harmonischer Zusammenarbeit mit höchster Energie zu arbeiten.
In früheren Zeiten herrschte die Meinung vor, kombinatorisches Sehvermögen sei eine Gottesgabe; doch die moderne Lehrerfahrung hat gezeigt, daß das Gefühl des Spielers für Kombinationen als Ergebnis praktischen Spiels und regelmäßigen Trainings außerordentlich verbessert werden kann.
In unserer ersten praktischen Übung bitte ich Sie, einige Probleme zu lösen. Das verfolgt eine bestimmte Absicht, denn die Lösung solcher Aufgaben hat geholfen, zuerst mir und dann meinen Schülern, unseren Schachblick rasch zu entwickeln. Ein vorausgehender Aufbau ist nicht notwendig, alles steht bereit. Sie haben nur den kürzesten Weg zum Matt zu finden und sorgfältig darauf zu achten, daß Sie den König nicht aus dem Mattnetz entschlüpfen lassen. Sie müssen die stärksten Züge für den Angriff und die Verteidigung finden.
Beim Lösen versuchen Sie, die Züge vom Blatt zu finden, ohne sie auf dem Brett auszuprobieren. Bitte halten Sie sich an einen Ratschlag praktischer Art: Wenn Sie die Lösung suchen, probieren Sie, ernst und mit Selbstdisziplin heranzugehen. Ihr

Können wird am schnellsten zunehmen, wenn Sie die Übungen in derselben Anspannung vollziehen, die Sie in einer ernsten Partie mit einem leibhaftigen Gegner an den Tag legen. Vor jedem Zug versuchen Sie, ein Gefühl von Verantwortung für die Entscheidung, die Sie treffen wollen, zu entwickeln. Versuchen Sie von Anfang an die Einstellung zu vermeiden, die unter dem Begriff „zweckloses Hin- und Herbewegen der Figuren“ zu verstehen ist. Gehen wir an die Arbeit. Ihre Aufgabe ist es in jedem Einzelfall, ein Matt in zwei Zügen zu erzwingen.

Diagramm 8
E. Carpenter

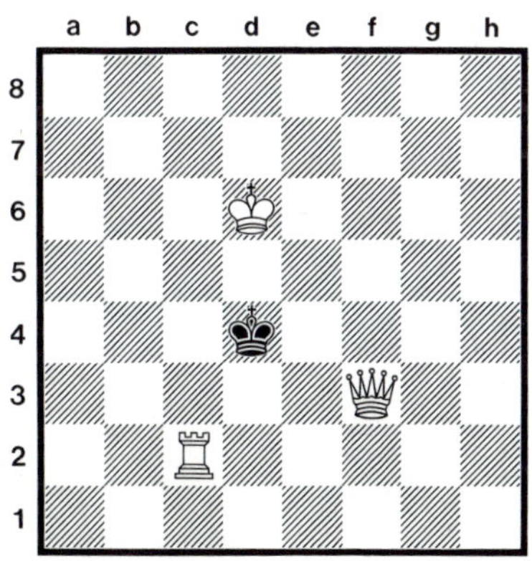

Weiß am Zug

Diagramm 9
S. Loyd

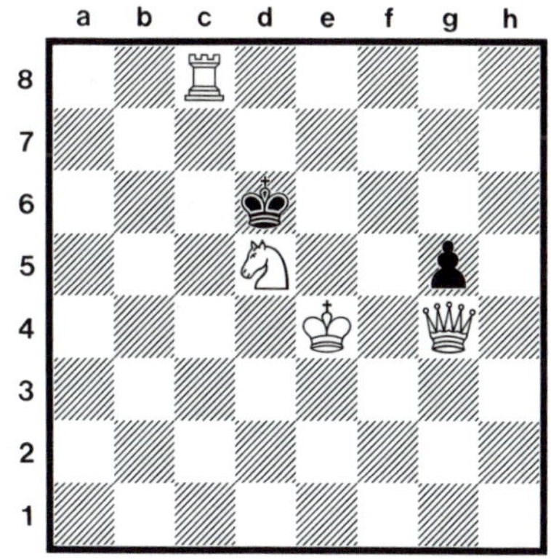

Weiß am Zug

Diagramm 10
W. Shinkman

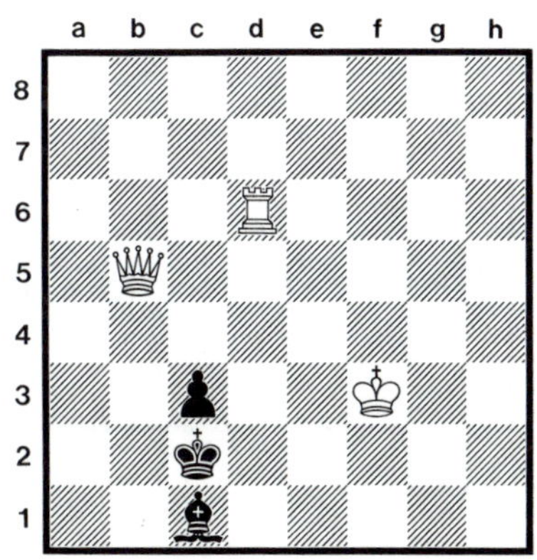

Weiß am Zug

Diagramm 11
H. Gottschall

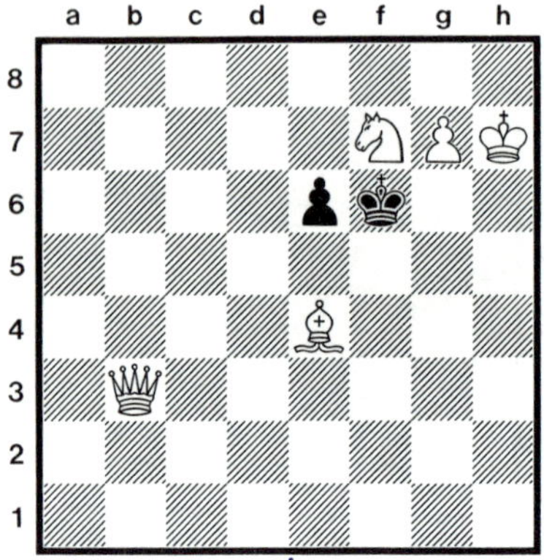

Weiß am Zug

Diagramm 12
J. Akvist

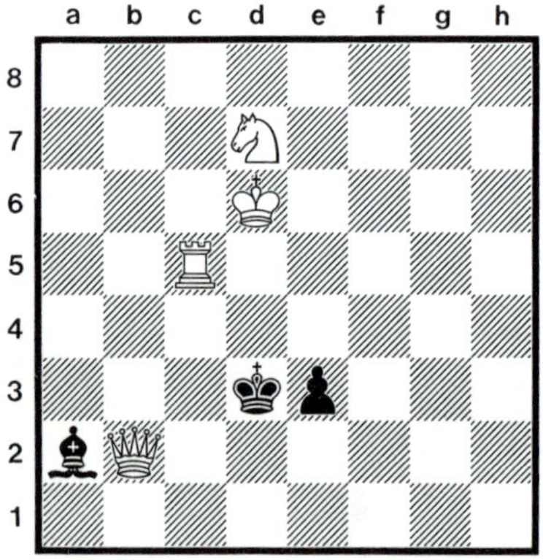

Weiß am Zug

Die Lösungen finden Sie am Ende des Bandes.

Versuchen Sie nun, diese vier Dreizüger zu lösen. Das ist verwickelter, weil sich die Anzahl der Varianten erhöht.

Diagramm 13
W. Pauly

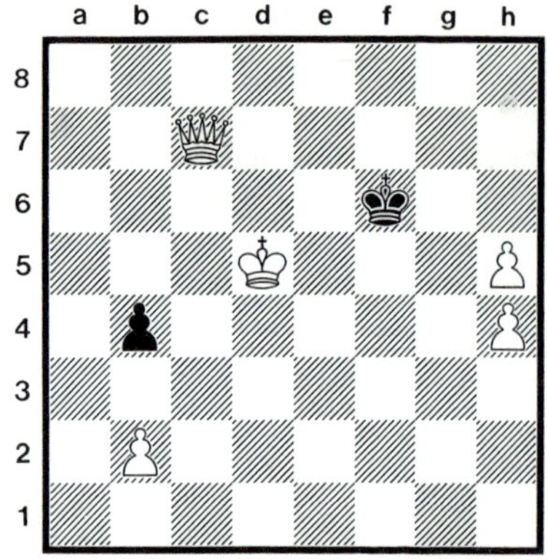

Weiß am Zug

Diagramm 14
F. Lindgren

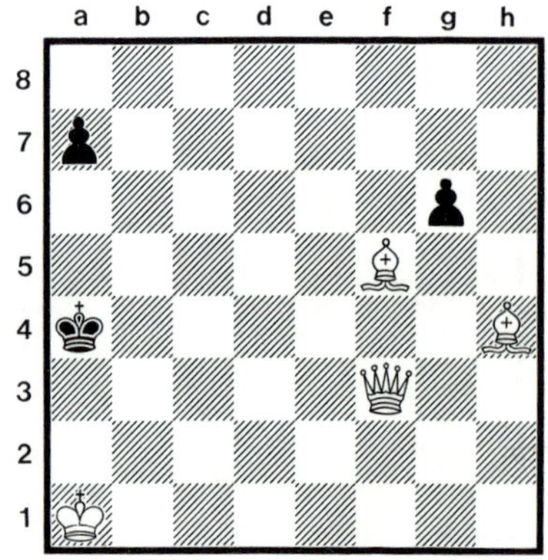

Weiß am Zug

Diagramm 15
D. Dietrich

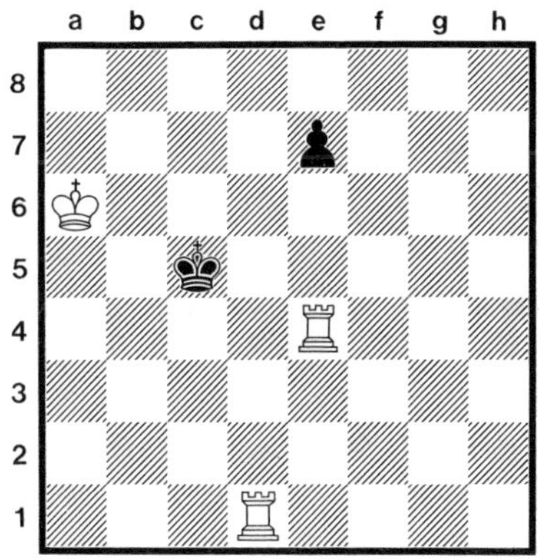

Weiß am Zug

Diagramm 16
F. Lindgren

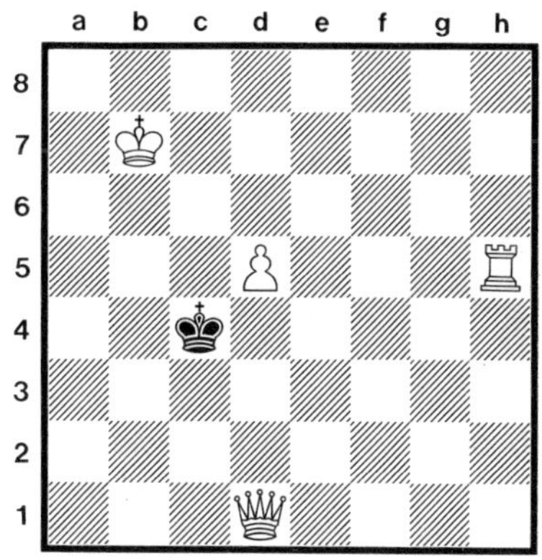

Weiß am Zug

Ideen in der Praxis

Natürlich sind Ihnen die allgemeinen Grundsätze des Positionsspiels bekannt. Sie dienen als Richtlinie für den Spieler, wenn er einen Plan entwerfen soll in Stellungen, wo es kein greifbares zwingendes Spiel gibt. Grundsätze wie „besetze die offene Linie mit dem Turm", oder „vermeide einen Springer am Brettrand" sind keine aus der Luft gegriffenen Dogmen. Es sind Ergebnisse langer Praxis, Verallgemeinerungen, die sich bewährt und als richtig herausgestellt haben, und zwar bei zahlreichen Gelegenheiten. Richtiges Verständnis befähigt uns, eine Stellung aufzubauen und die versteckte Kraft unserer Figuren voll auszunützen.

In der Eröffnung versuchen wir daher, unsere Steine schnell herauszubringen und die Herrschaft über das Zentrum zu errichten, ohne dem Gegner irgendwelche Zugeständnisse zu machen. Befolgt eine Seite diese Grundsätze nicht, wird der Gegner die Chance erhalten, die Mängel im Aufbau auszunützen. Sobald ein Spieler einmal Vorteil (wie Vorsprung in der Entwicklung) hat, tut er recht daran, nach einer Kombination, die wahrscheinlich vorhanden ist, zu suchen.

(Diagramm 17 rechte Spalte)

Diagramm 17
Maczulski – Kolisch
(Paris 1878)

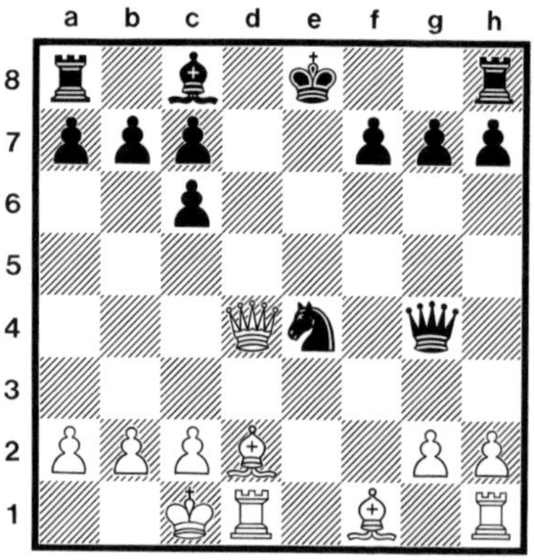

Um die Stellung, die wir vor uns haben, richtig einzuschätzen, brauchen wir positionelles Urteilsvermögen. Wägen wir Plus und Minus für jede Seite ab, können wir zu endgültigen Schlüssen gelangen. Im Diagramm 17 ist es nicht schwer zu erkennen, daß Schwarz auf der Jagd nach Bauern mit der Entwicklung stark in Rückstand geraten ist. Er hat nicht einmal Zeit gehabt, den König aus der Mitte herauszubringen. Falls Weiß jedoch zögert, wird 14. . . .0–0 folgen. Schwarz wird seiner Sorgen ledig sein, und er kann daran denken, seinen Materialvorteil zu verwerten. Weiß muß daher etwas Energisches unternehmen.

Der erste offizielle Weltmeister, Wilhelm Steinitz, stellte das Prinzip auf, ein Spieler, der eine aktive Stellung für seine Figuren und Stellungsvorteil aufweise, sei zum Angriff verpflichtet. Andernfalls werde sich sein Vorteil auflösen. In unserem Beispiel sind die gegenwärtige Stellung des schwarzen Königs und seine Bereitschaft, aus der Gefahrenzone zu verschwinden, das Motiv für die Suche nach einem unmittelbaren kombinatorischen Schlag. In der Partie fand ihn der Weiße.

1.Dd4-d8†! Ke8xd8
2.Ld2-g5†

Wir werden oft Gelegenheit haben, die zerstörerische Kraft eines Doppelschachs zu beobachten, hier von Turm und Läufer.

2.... Kd8-e8
3.Td1-d8‡.

Bei der Analyse dieses Beispiels kommen wir zu folgenden Schlüssen:

1. Um eine Kombination ausführen zu können, muß die aktive Seite einen Stellungsvorteil haben.
2. Der Angreifer muß einen Vorteil auf dem Brettsektor aufweisen, auf den der kombinatorische Schlag fällt.
3. Die Steine des Angreifers müssen aktiv arbeiten und harmonisch zusammenwirken.
4. Ist das Angriffsobjekt der König, dürfen große Materialopfer gebracht werden.

Das Mattmuster in dieser Partie ist im Gedächtnis erfahrener Spieler zusammen mit vielen anderen festgehalten. Darum fand Weiß in einer Blitzpartie Réti – Tartakower, Wien 1913, den Gewinn in wenigen Sekunden: 1.e4 c6 2.d4 d5 3.Sc3 de 4.Se4: Sf6 5.Dd3 e5? 6.de Da5† 7.Ld2 De5: 8.0–0–0! Sc3:? 9.Dd8†! Kd8: 10.Lg5† Ke8 11.Td8‡, mit der zusätzlichen Variante 10....Kc7 11.Ld8 matt.

Wir wollen nun das schöpferische Laboratorium des Schachspielers näher betrachten. Wir werden eine ganze Partie durchgehen, um zu sehen, wie sich kombinatorische Motive im tatsächlichen Spiel einstellen.

In unserer Zeit hat sich der allgemeine Spielstandard merklich gehoben. Jeder Spieler ist mit theoretischem Wissen ausgerüstet und kennt die Elemente der Strategie und Taktik. Er hat ein Gefühl für die sich nähernde Gefahr entwickelt und gelernt, es zu erproben und die Gefahren abzuwenden. Er weiß, wie er die gegnerischen kombinatorischen Absichten herausfinden und ihnen den Stachel nehmen kann. Es könnte scheinen, daß „weil man schon alles kennt“ wir kurz davor stehen, den „Remistod des Schachspiels“ zu erleben, von dem schon in den zwanziger Jahren gesprochen worden ist. Glücklicherweise ist das nicht der Fall. Die Partien moderner Spieler sind voll von reichen strategischen Ideen und scharfen „Bajonett-Angriffen“, in denen manchmal alles an einem Tempo hängt. In solchen Fällen erhalten wir die sogenannten Stellungen dynamischen Gleichge-

wichts. Wir machen dem Gegner bestimmte Zugeständnisse, wir setzen uns Angriffen oder Druck aus und erhalten dafür Gegenchancen. Dieser Stil stellt Forderungen an den Spieler, er muß kühn sein, Willenskraft entfalten, hohe Schachkultur und scharfe kombinatorische Vorstellungskraft aufweisen.
Um das alles zu illustrieren, führen wir eine Partie aus der Jugendmeisterschaft der UdSSR 1963 an.

Woskanjan – Simowitsch
Sizilianische Verteidigung

1.e2-e4	**c7-c5**
2.Sg1-f3	**d7-d6**
3.d2-d4	**c5xd4**
4.Sf3xd4	**Sg8-f6**
5.Sb1-c3	**e7-e6**
6.Lc1-g5	**a7-a6**
7.Dd1-d2	

Heutzutage wählen die Spieler Eröffnungssysteme, bei denen die Wahrscheinlichkeit groß ist, daß sie in ein scharfes Mittelspiel münden. Das ist hier der Fall. Weiß ist dabei, auf der d-Linie Druck auszuüben und dabei seinen König durch die lange Rochade bloßzustellen.

7. . . .	**h7-h6**

Eine solche Schwäche in seiner Bauernstellung sollte Schwarz vermeiden, denn er verschafft dem Gegner damit eine Angriffsmarke, die er mit dem Bauernsturm g2-g4-g5 ausnutzen kann.

8.Lg5-e3	**Lf8-e7**
9.Lf1-e2	**0–0**
10.f2–f4	**Sb8-c6**
11.0–0–0	**Lc8-d7**
12.g2-g4	

Diagramm 18

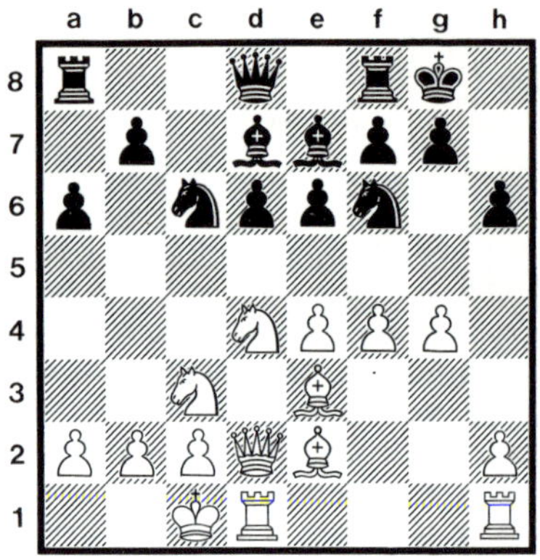

12. . . .	**Sc6xd4**
13.Dd2xd4	**Ld7-c6**
14.h2-h4	

Der Beginn eines Bauernsturms, dessen Hauptziel es ist, Linien und Schrägen für die Figuren zu öffnen. Wir sehen nun, welchen Haken 7. . . .h6 hatte. Weiß droht rasche Stellungsöffnung mit g4-g5. Schwarz wartet jedoch nicht passiv ab. Er schlägt im Zentrum zu, was bekanntlich im allgemeinen den wirksamsten Gegenschlag auf einen Angriff am Flügel darstellt.

14. . . .	**d6-d5!**
15.g4-g5	**Sf6xe4**
16.Sc3xe4	

Die sofortige Verwirklichung des Plans – Öffnung der g-Linie mit g5xh6 – wird mit 16. . . .Le7-f6! widerlegt.

16. . . .	**d5xe4**

17.Dd4-c3

Die Dame muß auf dem Brett bleiben, um den Angriff unterstützen zu können.

17. . . . Lc6-d5

18.Le3-d4 Ta8-c8

Schwarz beeilt sich, den Trumpf auszuspielen, der ihm in der „Sizilianischen" regelmäßig zufällt – die halboffene c-Linie.

19.Dc3-g3 h6-h5!

Ein lehrreicher Einfall. Das Bauernopfer ermöglicht es dem Schwarzen, eine Zeitlang die Linienöffnung nahe dem König zu vermeiden. Dadurch gewinnt er Zeit, um einen Gegenschlag am anderen Flügel vorzubereiten.

20.Le2xh5 Dd8-a5!

21.a2-a3 Da5-a4!

22.Th1-h2 Tc8-c4

23.Ld4-f6! Tf8-c8

Diagramm 19

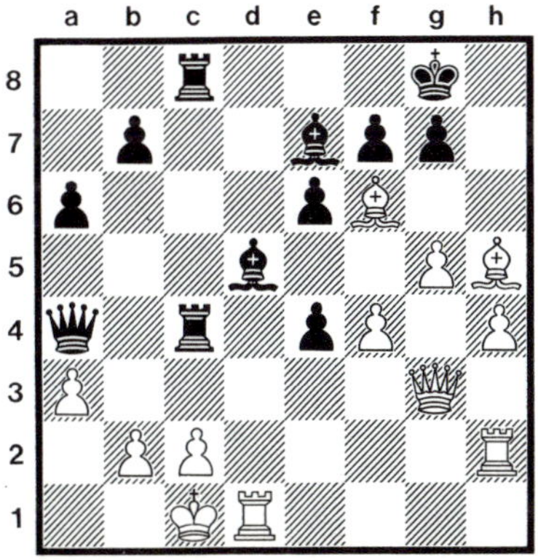

Das Ziel eines Angriffs sollte der schwache Punkt des Gegners sein. Es sieht aus, als ob Schwarz triumphiert. Sein Angriff auf der c-Linie ist gewaltig, während es dem Weißen noch nicht gelungen ist, die g-Linie zu öffnen.

Was kann Weiß tun? Verteidigt er sich auf die übliche Weise mit 24. Td1-d2, dann geschieht 24. . . .Le7-b4 25.Td2-e2 e4-e3!. Falls 24.c3, so 24. . . .La3: 25.ba Da3:† 26.Kd2 e3†! 27.Ke2 Tc3: und die Drohung Da5! wiegt viel schwerer als der geringe materielle Mehrbesitz des Weißen.

Schwarz sollte dann gewinnen. Beachten Sie, daß die eben angeführte Variante sich von den kombinatorischen Opfern, die wir vorher betrachtet haben, unterscheidet. Nach dem Opfer erobert Schwarz weder Material, noch beendet er die Sache mit einem Matt. Solche Opfer sind der genauen Untersuchung nicht zugänglich. Wir behalten lediglich die Überzeugung, daß uns für das preisgegebene Material eine starke Initiative bleibt. Solche Opfer bringen offensichtlich Wagnisse mit sich. Wir werden uns weiter mit ihnen im Kapitel über „intuitive Opfer" auseinandersetzen.

Eine weitere Variante in der vorliegenden Partie ist schlecht für Weiß: 24.Le7: Tc2:† 25.Kb1 Dc4! 26.b3 Tc1† 27.Tc1: Dc1:† 28. Ka2 Tc2† 29.Tc2: Dc2:† 30.Ka1 Lb3:. Durch einen Vorgang des Ausschaltens (untauglicher Mittel) gelangte Weiß zu seiner besten Chance.

24.b2-b3! Le7xa3†

Dieser Zug bringt den Verlust eines Tempos und demzufolge den Verlust der Initiative mit sich. In scharfen Stellungen kann sich ein solcher Umstand tödlich auswirken. Das richtige Abspiel war 24. . . .Da3:† 25.Lb2 Tc3! 26.Dc3: Tc3: 27.La3: La3:†, und Schwarz, der für die Qualität einen Bauern und zwei starke Läufer besitzt, befindet sich nicht im Nachteil.

25.Kc1-b1 **Da4-b4**

Die Dame muß weichen, und Weiß erhält Zeit, mit entscheidender Wirkung am Königsflügel durchzubrechen.

26.g5-g6! **f7xg6**

Das Läuferopfer durfte nicht angenommen werden – 26 . . . .g7xf6 27.g6xf7†, und das wirkungsvolle Doppelschach, das wir schon früher gesehen haben, läßt Schwarz keine Wahl. Es folgt dann 27. . . .Kf8 28.Dg8† Ke7 29.De8†! Te8: 30.feD† Kd6 31.Dd8† Kc5 32.De7† Kb6 33.Db4:† Tb4: 34.Ka2 Ta4 35.Td5: und gewinnt. Beachten Sie, daß das nur die Hauptvariante ist, in der Schwarz sich am längsten zu wehren vermag. Es gibt andere, kürzere Varianten, zum Beispiel 27. . . . Kh8 28.Dg6, und Schwarz kann das drohende Matt nur mit ein paar Opferzügen aufhalten.

27.Dg3xg6 **Tc4-c7**

Die Spieler haben die Rollen getauscht.

28.Th2-g2 **Ld5xb3**

Verzweiflung; aber nur Punkt g7 war undeckbar (28. . . .Df8 29. Tdg1). Wir erhalten nun einen Mattangriff mit Hilfe eines Damenopfers. (Diagramm 20 rechte Spalte)

Diagramm 20

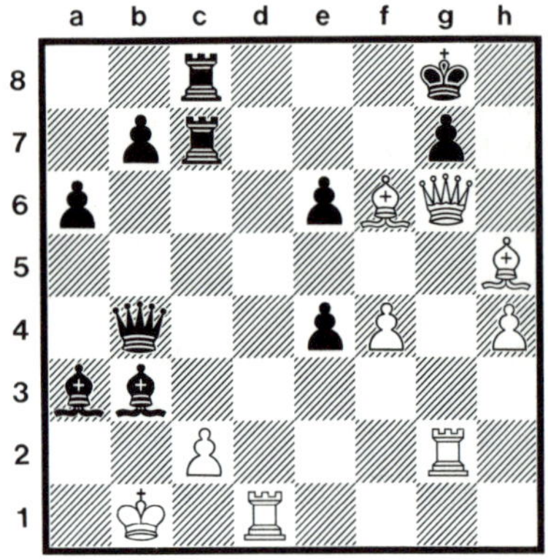

29.Dg6xg7† **Tc7xg7**

30.Tg2xg7† **Kg8-f8**

Oder 30. . . .Kh8 31.Tf7† Kg8 32.Tg1 matt.

31.Tg7-f7† **Kf8-e8**

32.Tf7-h7†

Schwarz gab auf (32. . . .Kf8 33.Th8 matt).

Eine sorgfältige Untersuchung dieser Partie führt zu bestimmten Schlußfolgerungen.

1. Die Verteidigung muß auf ökonomische (sparsame) Weise geführt werden. Je weniger Figuren benötigt werden, um die Gefahr abzuwenden, um so mehr stehen für Ihre eigenen Drohungen bereit.

2. Die stellungsmäßige Grundlage für einen kombinatorischen Kampf wird durch die Türme auf offenen Linien und ihr harmonisches Zusammenwirken mit den anderen Streitkräften besorgt.

Diese Partie bestätigt wieder einmal

den Ausspruch Dr. Emanuel Laskers: „Stellungsspiel ist die Vorbereitungsphase für die Ausführung einer Kombination."

Praktische Übungen

Vielen Spielern, die zu den ziemlich starken Turnierspielern gehören, mangelt es an einer ausreichend gut entwickelten schachlichen Vorstellungskraft. Wir meinen, daß sie es schwer finden, die Stellung im Auge zu behalten oder sich die Position vorzustellen, die nach einer bestimmten Zahl von Zügen auf dem Brett auftauchen wird. Die Übungen, die wir nun anbieten, werden helfen, diesen Mangel zu überwinden.

Gehen Sie das Spiel in den folgenden Studien durch, ohne die Figuren zu bewegen, und prüfen Sie, wie lange Sie sich die Stellung im Kopf vorstellen können. Stellen Sie fest, daß Sie an Klarheit in der Vorstellung der Position einbüßen, beginnen Sie von vorn.

Funktioniert es anfangs nicht besonders gut, wenn das Spiel weiter fortschreitet, dann gehen Sie die Züge durch, so weit Sie dazu in der Lage sind, stellen die neue Stellung auf dem Brett auf und fahren an dieser Stelle mit der Lösung fort, ohne die Figuren zu bewegen. Allmählich werden Sie merken, daß Sie lernen, die Rätsel „in einem Aufwasch" zu lösen.

(Diagramm 21 rechte Spalte)

Diagramm 21
A. Troitzki

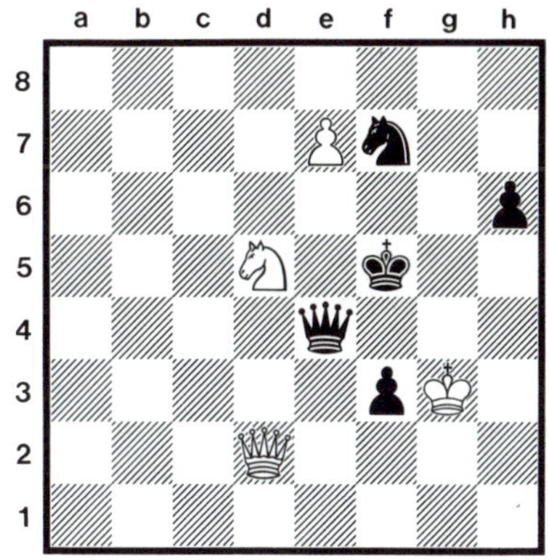

Weiß zieht und gewinnt

1.e7-e8D	**De4xe8**
2.Dd2-f4†	**Kf5-g6**
3.Df4-g4†	**Sf7-g5**
4.Dg4-h5†!!	**Kg6xh5**
5.Sd5-f4‡	

Diagramm 22
M. Liburkin

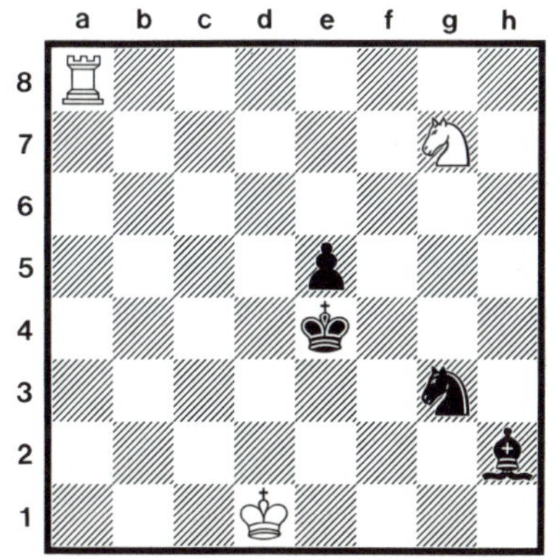

Weiß zieht und gewinnt

Sich diese Lösung vorzustellen ist schwerer.

1.Ta8-a2 **Lh2-g1**
2.Ta2-g2 **Ke4-f3**
3.Tg2xg1 **Kf3-f2**
4.Tg1-e1 **e5-e4**
5.Sg7-e6 **e4-e3**
6.Se6-c5!

Arbeiten Sie nun diese Variante durch: falls 6.Sd4 oder 6.Sf4, dann 6. . . .e2†! 7.Se2: Sf1!, und es gibt keine Verteidigung gegen das ewige Schach durch Se3† und Sf1†. Dann verbannen Sie diese Variante aus Ihrer Vorstellung und setzen mit der Hauptvariante fort.

6. . . . **e3-e2†**
7.Kd1-d2 **Sg3-f1†**
8.Kd2-c1 **Kf2xe1**
9.Sc5-d3‡

Ein Spieler muß nicht nur in der Lage sein, erzwungene oder zwingende Varianten in seinem Kopf durchzurechnen, er muß auch bei jedem Schritt die stärksten Züge suchen und finden, die den Gewinn oder das Remis herbeiführen. Wir geben nun die ersten paar Züge vor und überlassen es dann dem Leser, die stärkste Fortsetzung (in seinem Kopf!) zu entdecken.

(Diagramm 23 rechte Spalte)

1.Tc5-c7† **Td8-d7**

Erwägen Sie die Nebenspiele 1. . . . Kd6 2.Dc5† nebst 3.Te7 matt; 1. . . . Ke6 2.Dc6† Ke5 3.Te7† Kd4 4.Te4† Kd3 5.Dc4† Kd2 6.Te2† Kd1 7.Dc2 matt. Dann kehren Sie zur Hauptvariante nach 1. . . .Td8-d7 zurück.

2.Dc1-c5†

Diagramm 23
A. Rinck

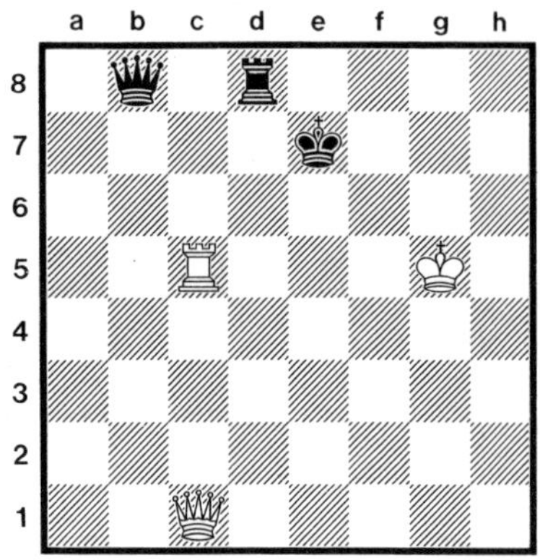

Weiß zieht und gewinnt

Nicht 2.De3† Kd8 3.Dc5 Td5†! mit Remis.

2. . . . **Ke7-d8**

Finden Sie nun den Gewinnzug selbst.

Diagramm 24
W. Bron

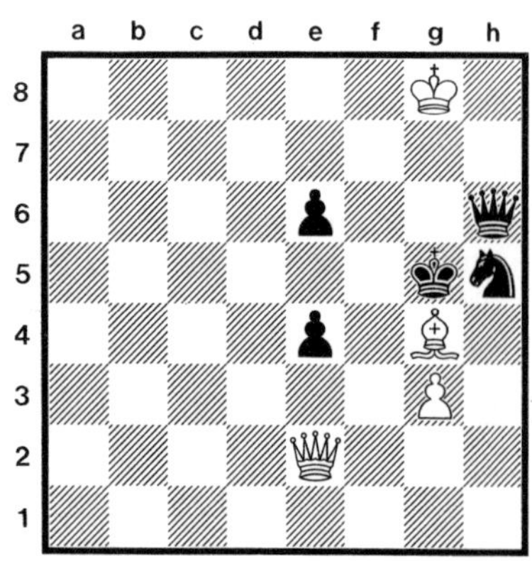

Weiß zieht und gewinnt

1.De2-e3† **Kg5-g6**
2.De3xe4† **Kg6-g5**
3.De4-e3† **Kg5-g6**
und nun?

Versuchen Sie diese Studie von Anfang an selbst zu lösen.

Diagramm 25
F. Lazard

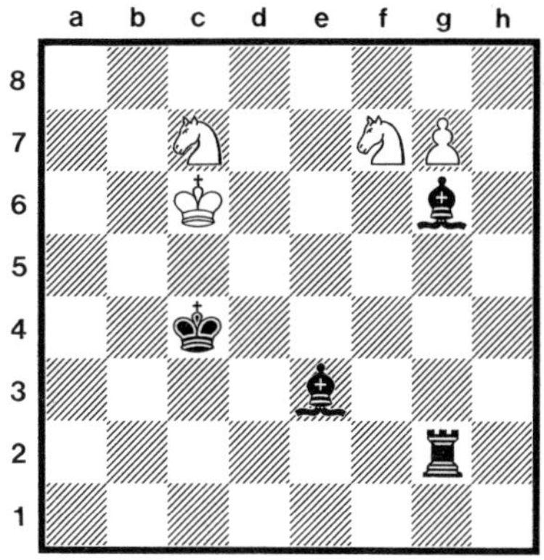

Weiß zieht und gewinnt

Mattkombinationen

Dies ist der Name für Kombinationen, die in ein Matt münden. Ist eine solche Kombination korrekt, kann sich der Urheber offensichtlich große materielle Opfer leisten.
Beim Beginn der Kombination müssen Sie sich klar die Schlußstellung vorstellen. Nur dann vermögen Sie logisch und klar vorzugehen. Mattkombinationen sind oft verflochten mit anderen kombinatorischen Ideen, die jedoch der Idee des erzwungenen Matts untergeordnet sind.

Diagramm 26

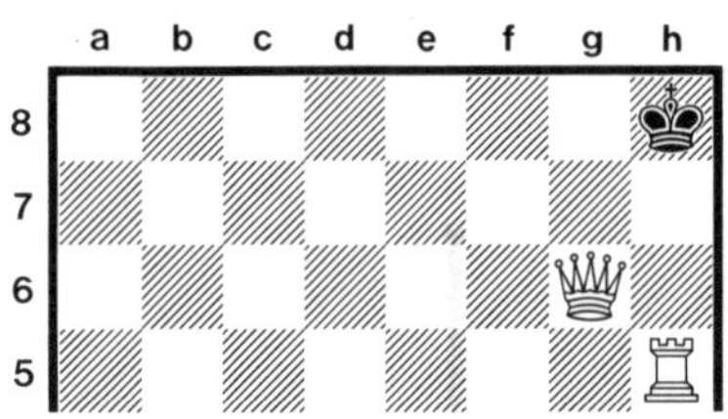

Untersuchen wir einige typische Schlußstellungen, die in der Praxis oft vorkommen.
(Diagramm 27 rechte Spalte)
Weiß am Zug erkannte, daß Schwarz, wenn er Zeit zu Sb6-d7 hat und den Springer zur Verteidigung des Königs heranbringen kann, noch eine ganze Zeitlang Widerstand leisten wird. Die offene h-Linie gestattet Weiß jedoch, mit dem Schlag

Diagramm 27
Spielmann – Landau, Match 1939

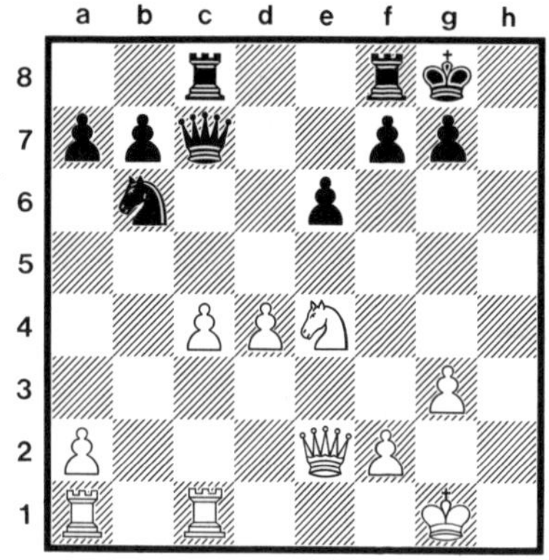

1.Se4-f6†
sofort zu gewinnen:

1. . . .	**g7xf6**
2.De2-g4†	**Kg8-h8**
3.Kg1-g2.	

Schwarz gab auf, denn Th1 matt kann nur verzögert, nicht verhindert werden.
Das Springeropfer erzwang eine Schwächung der Bauerndeckung des feindlichen Königs. Der kombinierte Angriff von Dame und Turm ist in den meisten Fällen überwältigend, wenn der König bloßgestellt worden ist. Die Methode, den Schutz des

Warum seid ihr so furchtsam,
ihr Kleinmütigen?

Ich bin bei euch:

Im Schiff dieser Zeit,
das beladen ist mit Not und Angst.

Im Schiff der Kirche,
das von Stürmen umhergeworfen wird.

Im Schiff deines Lebens,
dessen Segel zu zerreißen drohen.

Habt keine Angst.
Ich bin bei euch.
Ich bin bei dir.

Ostern 1980

St. Dionysius, Baumberg

«Sturm auf dem Meer.» Miniatur Anfang 11. Jahrhundert aus der Stiftung der Äbtissin Hitda von Meschede, Landesbibliothek Darmstadt. Foto Maria Laach. Veröffentlichung Liturgisches Institut Trier. Mit kirchlicher Druckerlaubnis. Druck und Verlag H. Dackweiler & Co., Trier

Königs zu zerstören, ist daher ganz klar. Sobald dies durch ein Opfer erreicht worden ist, eilen die schweren Figuren herbei und besorgen den Rest.

Diagramm 28
Skuya – Mileika (Riga 1965)

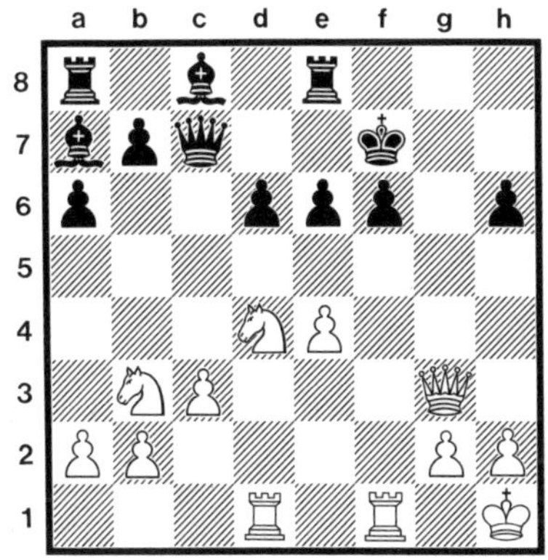

Weiß am Zug

1.Tf1xf6†	**Kf7xf6**
2.Td1-f1†	**Kf6-e7**
3.Dg3-h4†!	**Ke7-d7**

4.Tf1-f7† nebst matt.

Die Zusammenarbeit zweier Türme auf der vorletzten Reihe kann ebenfalls absolut vernichtend sein. Das gleiche gilt für die Grundreihe, obgleich das mitunter weniger wirkungsvoll ist – bei der vorletzten Reihe tritt ein Element der „Einkerkerung" hinzu, weil ein Rückzug über den Rand des Brettes hinaus unmöglich ist.

Diagramm 29

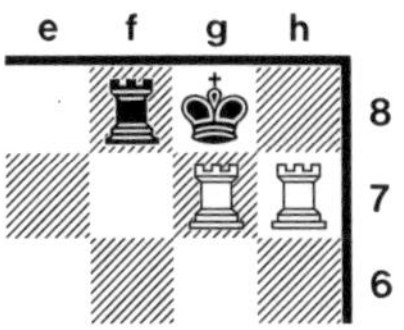

Diagramm 30
Soultanbeieff – Linbarsky
(Liege 1937)

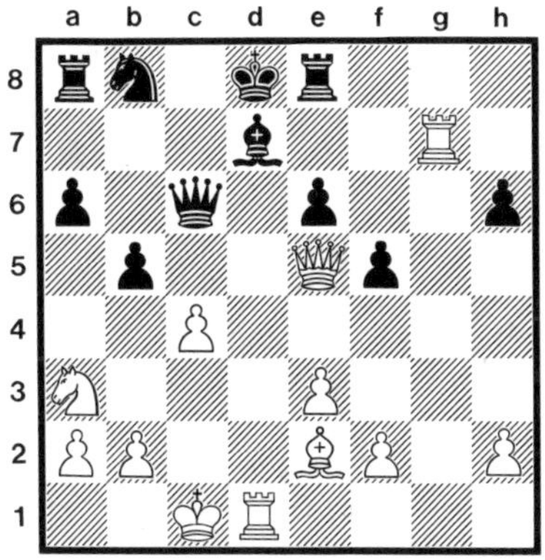

Weiß am Zug

Sie werden bemerkt haben, daß das normale Kennzeichen in Mattkombinationen, das die Suche nach einem endgültigen Partieschluß als aussichtsreich erscheinen läßt, in der Tatsache besteht, daß der feindliche König bereits bloßgestellt ist. Sie müssen nur den Weg finden, den übriggebliebenen Schutz zu beseitigen.
In dieser Stellung ist es der Läufer auf d7, der die Hauptrolle in der Verteidigung spielt, und Weiß rich-

tet daher seine Anstrengungen gegen diese Figur. Der Plan besteht darin, die schützende Dame abzulenken, dann den Deckungsspringer zu beseitigen und schließlich die Türme ihre Arbeit tun zu lassen.

1.Le2-f3!	**Dc6xf3**
2.De5xb8†	**Ta8xb8**
3.Td1xd7†	**Kd8-c8**
4.Td7-c7†	**Kc8-d8**
5.Tg7-d7‡	

Diagramm 31

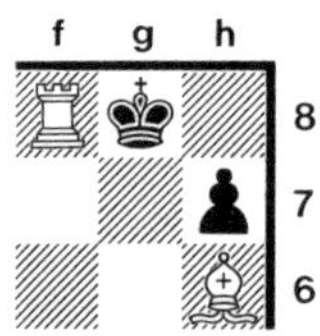

Diagramm 32
Drieksna – Strautins
(Lettische Fernschach-Meisterschaft 1968)

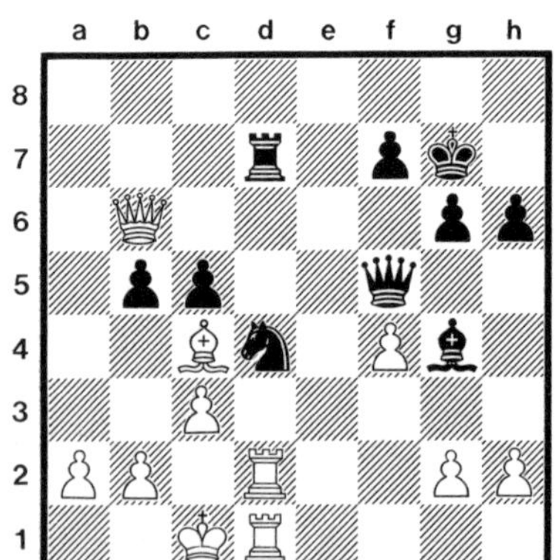

Schwarz am Zug

Schwarz gewinnt hier durch zwei kombinatorische Schläge:

1. . . .	**Df5-c2†**

Die Pointe liegt in der Ablenkung des Turms von der Deckung des Punktes d1.

2.Td2xc2	**Sd4-b3†!**

Schwarz öffnet die d-Linie mit Zeitgewinn. Diesen „Trick" kennt man als einen Abzugsangriff. In diesem Fall greift die Figur, die die entsprechende Feuerlinie räumt, ein bestimmtes Ziel an (hier den König), während sie den Weg für eine andere Figur (den Turm) öffnet. Der Angriff aus zwei Richtungen durch zwei verschiedenartige Figuren gleichzeitig ist schwer abzuwenden, manchmal überhaupt nicht, wie hier.

3.Lc4xb3	**Td7xd1‡**

Diagramm 33

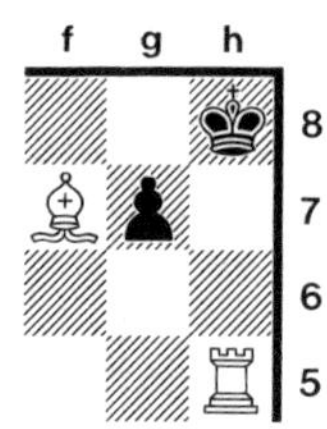

Das hier gezeigte Mattmuster half dem Schwarzen, in der nächsten Stellung einen Gewinn zu erzwingen. Achten Sie auf die offene h-Linie und insbesondere auf den zweiten Zug von Schwarz, als ein Damenopfer dazu diente, den feindlichen König auf die Gefahrenlinie zu holen. Solche „Hineinziehungsopfer" kommen in Mattkombinationen regelmäßig vor.

(Siehe Diagramm 34 rechte Seite)

Diagramm 34
Elert – Boll (Riga 1901)

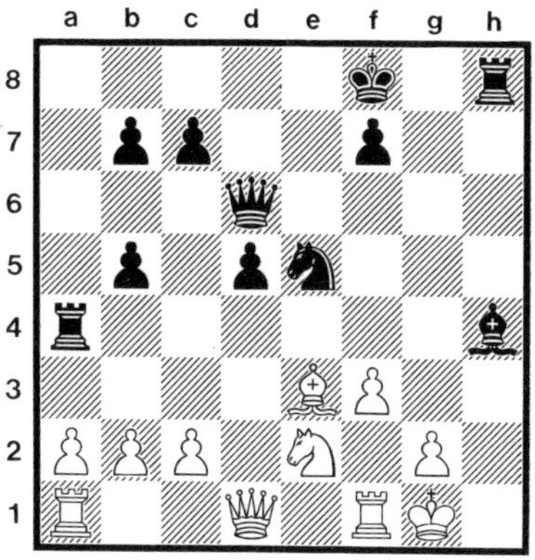

Schwarz am Zug

Schwarz beginnt, indem er den Weg für die Dame freimacht. (Man beachte die Bedeutung des Bf7!)

1. . . . **Se5-g4**
2.f3xg4

Er resigniert. Aber 2.Lf4 Dc5† verlöre ebenfalls rasch.

2. . . . **Dd6-h2†**
3.Kg1xh2 **Lh4-f2†**

und Matt in nächsten Zug.

Diagramm 35

(Diagramm 36 rechte Spalte)

Diagramm 36
A. Konstantinopolski

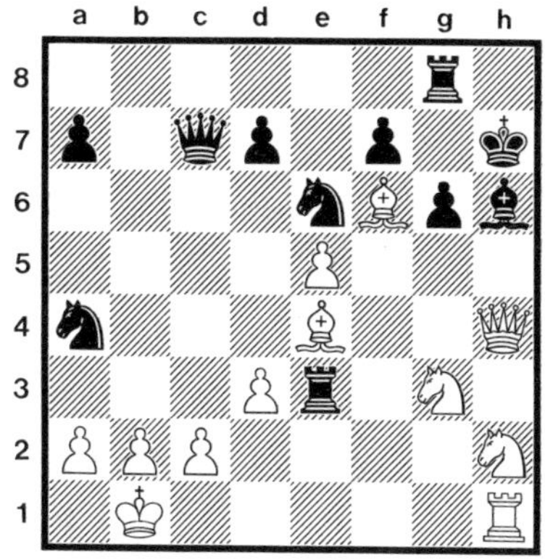

Schwarz am Zug

Dies ist ein Lehrbeispiel, das Konstantinopolski verfaßt hat, um ein Turm/Springer-Matt zusammen mit einigen zusätzlichen Merkmalen, wie der Blockade möglicher Fluchtfelder (hier e1), zu zeigen.

1. . . . **Te3-e1†!**
2.Th1xe1 **Dc7xc2†!**
3.Kb1xc2 **Se6-d4†**
4.Kc2-b1

4.Kd1 Sb2: matt.

4. . . . **Sa4-c3†**
5.b2xc3

5.Kb1-a1 Sd4-c2 matt.

5. . . . **Tg8-b8†**
6.Kb1-a1 **Sd4-c2‡**

Ein bekanntes Mattbild ergibt sich mit einem Springer auf f6.

(Siehe Diagramm 37 Seite 30)

Diagramm 37

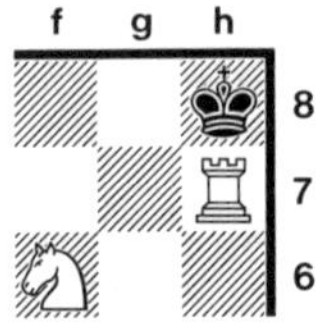

Diagramm 38
Furman – Klowan
(UdSSR-Mannschaftsmeisterschaft 1964)

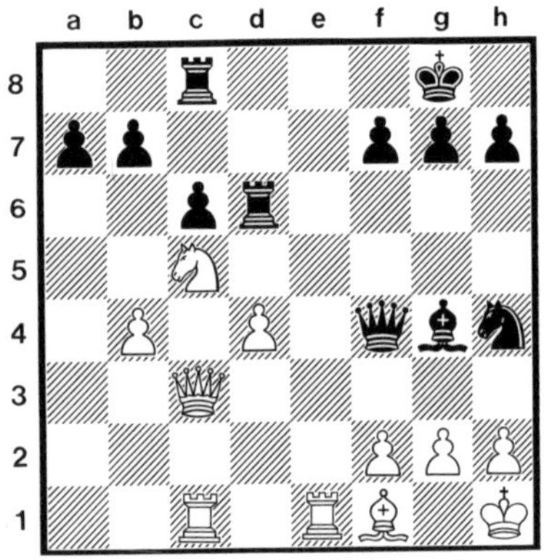

Schwarz am Zug

Über dem weißen Königsflügel haben sich Wolken zusammengeballt, denn Schwarz hat dort mit drei Figuren drohende Positionen eingenommen. Der Turm steht bereit, sich von d6 nach h6 hinüberzuschwingen. Zuerst lockert Schwarz die Phalanx der Schutzbauern.

1. . . . **Sh4-f3!**
2.g2-g3
2.g2xf3 Td6-h6.
2. . . . **Td6-h6**
3.h2-h3 **Th6xh3†**

Um den Läufer in eine Fesselstellung zu zwingen.
4.Lf1xh3 **Df4-h6**
und das Matt ist nicht abzuwenden.

Diagramm 39

Diagramm 40
Pollock – Beratende
(Buffalo 1893)

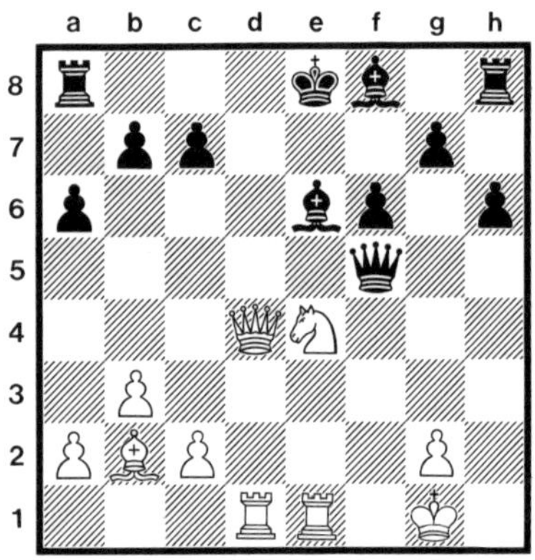

Weiß am Zug

Schon ein flüchtiger Blick auf diese Stellung genügt, um sich davon zu überzeugen, daß Schwarz sich trotz der zwei Bauern, die er mehr besitzt, in übler Lage befindet. Schwarz ist mit der Entwicklung zurückgeblieben, sein König steckt in der Brettmitte fest und der Läufer auf e6 steht unsicher. Weiß hat alle seine Figu-

ren im Spiel, seine Dame und der Springer sind besonders wirkungsvoll aufgestellt. Daraus ist zu folgern, daß Weiß vollauf berechtigt ist, nach einer Kombination zu suchen.
Die beratenden Partner hatten offensichtlich nur einen schwachen Begriff von den Grundregeln der Strategie und Taktik. Daß sie schlagend bestraft werden, ist daher keine Überraschung.

1.Dd4-d7†!

Dieses Ablenkungsopfer öffnet die e-Linie, so daß ein Doppelangriff folgen kann, der den feindlichen König in ein Mattnetz treibt. Beachten Sie ein charakteristisches Kombinationsmerkmal: wir opfern eine Figur oder einen Bauern, um die Wirkung der verbleibenden Steine beträchtlich zu erhöhen.

1....	**Le6xd7**
2.Se4-d6†!	**Ke8-d8**
3.Sd6-f7†	**Kd8-c8**
4.Te1-e8†!	**Ld7xe8**
5.Td1-d8‡	

Der vierte weiße Zug lenkte den schwarzen Läufer von der Deckung des kritischen Punktes d8 ab. Die Kombination macht einen guten Eindruck und hat nur einen Makel. Weiß hätte einfach mit 1.Sg3 gewinnen können, wonach Schwarz Figurenverlust nicht vermeiden kann (1. . . .Dc5 2.Te6:†). Vom Gesichtspunkt des ästhetischen Vergnügens aus freuen wir uns am meisten über eine Kombination, wenn sie den einzigen Weg zum Gewinn darstellt. Gibt es eine zusätzliche Lösung, wird der künstlerische Wert einer Kombination erheblich beeinträchtigt.

Diagramm 41

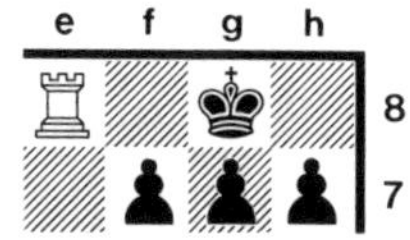

Mattbilder einer einzelnen Figur hinterlassen einen starken Eindruck. Wir haben bereits Beispiele gesehen, wo ein Springer derartiges zustande bringt, wobei nutzlose Verteidiger im Weg stehen. Das Grundlinienmatt einer Schwerfigur, wo die Bauern auf ihren Ausgangsfeldern geblieben sind und die Fluchtfelder verstellen, ist allgemein bekannt. Weil dem Verteidiger die Gefahr bewußt ist, bestehen solche Mattkombinationen im allgemeinen in der Ablenkung der Verteidiger von der Grundreihe.

Diagramm 42
Bernstein – Capablanca
(Moskau 1914)

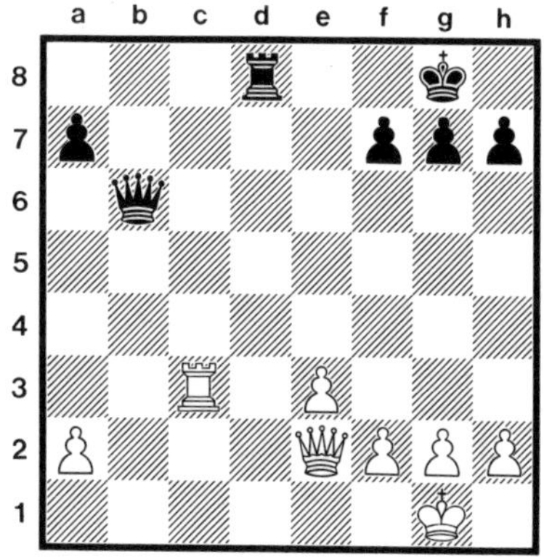

1. . . .Db6-b1† 2.De2-f1 Td8-d1? scheitert an 3.Tc3-c8†. Die korrekte Fortsetzung, die Capablanca wählte, lautet

1. . . . **Db6-b2**

und Weiß muß aufgeben (2.Tc8 Db1† 3.Df1 Df1:† 4.Kf1:Tc8:, oder 2.Dd3 Da1† 3.Df1 Dc3:).
In der nächsten Stellung sehen wir, wie die Lösung mittels der Blockade einer Verteidigungslinie erreicht wird.

Diagramm 43
Rèti – Bogoljubow
(New York 1924)

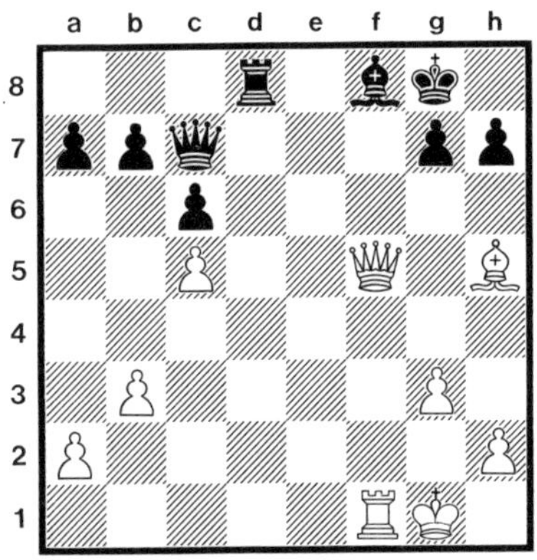

Weiß am Zug

1.Lh5-f7† **Kg8-h8**
2.Lf7-e8!

Der Turm ist von f8 abgeschnitten, so daß es gegen die Drohung 3.Df5xf8† keine Verteidigung mehr gibt (2. . . .Lc5:† 3.Dc5: h6 4.Df8† Kh7 5.Lg6† Kg6: 6.Df5 matt).

Diagramm 44
Kortschmar – Poljak
(1937)

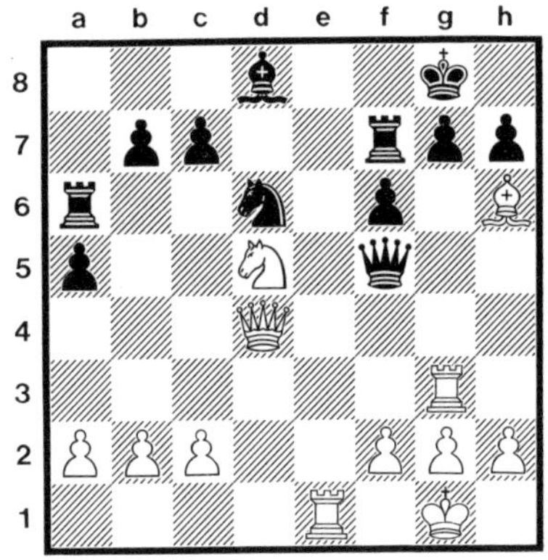

Weiß am Zug

Ich habe den Eindruck, daß jeder Spieler seine eigene Lieblingskombination hat, die ihm besonders aufregend erscheint. Es muß nicht unbedingt eine von ihm selbst gemachte sein. Die Leistung Kortschmars hat einen solchen Platz in meinem Gedächtnis. Ich hoffe, der Leser wird mir vergeben, wenn ich diese Stellung in jedes einzelne meiner Bücher aufnehme.
Die Kombination beginnt mit einer Serie von Paukenschlägen, wobei die ersten drei Züge mit einer frischen Kombinationsidee verbunden sind. Es ist nicht schwer zu entdecken, daß die Achillesferse des Nachziehenden in seiner schwachen Grundreihe besteht. Weiß richtet seine Bemühungen gegen die Verteidiger dieser Reihe.

1.Sd5-b4.

Abzugsangriff auf Turm und Springer.

1. . . . a5xb4

2.Dd4xd6

Beseitigt den Verteidiger. Offensichtlich ist die Dame in Sicherheit, weil 3.Te8† Tf8 4.Tg7:† nebst matt droht.

2. . . . Df5-d7

3.Dd6-d5

Ein Zug von auffallender Schönheit. Das „Scheusal", das den Tf7 fesselt, ist aus dem beim 2. Zug angegebenen Grund noch immer ungefährdet. Hinzu kommt, daß die schwarze Dame wegen einer übermäßigen Zahl von Verteidigungsaufgaben überlastet ist.

3. . . . Kg8-f8

3. . . .g6 4.T3e3! und gewinnt.

4.Tg3xg7 Dd7xd5

5.Tg7-g8† Kf8xg8

6.Te1-e8† Tf7-f8

7.Te8xf8‡

Diagramm 45

Das Matt von Läufer und Springer kommt verhältnismäßig selten vor. Das mittelalterliche Paar, dem die brutale Gewalt der schweren Figuren abgeht, hinterläßt jedoch einen schönen, künstlerischen Eindruck.

Diagramm 46
Taimanov – Kusminich
(Leningrad 1950)

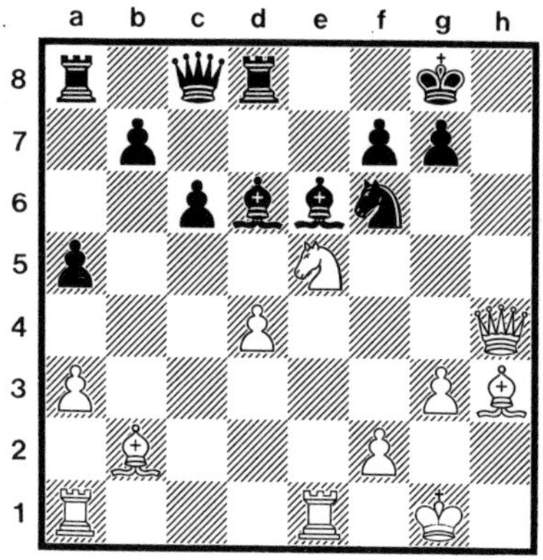

Weiß am Zug

1.Se5-g6! Sf6-h7

1. . . .fg 2.Le6:† mit Damengewinn.

2.Te1xe6! f7xe6

3.Dh4xd8†

Die Ablenkungsidee, mit der wir bereits vertraut sind.

3. . . . Dc8xd8

3. . . .Sh7-f8 zögert das Ende hinaus.

4.Lh3xe6‡

Diagramm 47

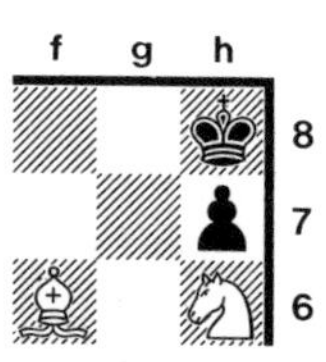

Hier sieht man das Matt von Springer und Läufer auf dem Eckfeld.

Diagramm 48
Stein – Portisch
(Stockholm 1962)

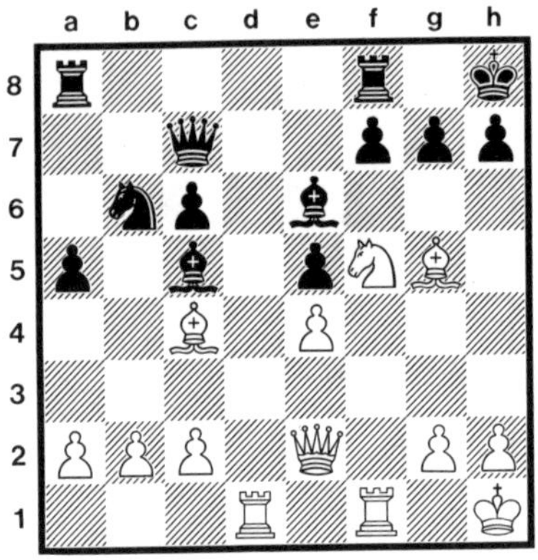

Weiß am Zug

1.Sf5xg7! **Le6xc4**
2.Lg5-f6!
Die Pointe – 2. . . .Le2: 3.Sf5† und 4.Sh6 matt.
2. . . . **Lc5-e7**
3.De2-f3
Schwarz gab auf. Es gibt gegen 4.Sh5† keine Verteidigung.
Mattkombinationen sind unzählig, man kann nicht alle untersuchen, geschweige denn dem Gedächtnis einverleiben. Wir haben jedoch die grundlegenden Methoden ihres Aufbaus gesehen, und wir werden mehr Beispiele in unseren Übungen zu sehen bekommen – manchmal als Nebenvarianten, die der Verteidiger vermeidet und um so schwerer bestraft wird.

Praktische Übungen

Wie wir schon gesehen haben, hat die aktive Seite eine Anzahl von Mitteln zur Verfügung, die den Verteidiger zwingen, sich mit einer beschränkten Auswahl an Zügen zu begnügen. Das hilft, die Varianten zu berechnen. Wie Lasker festgestellt hat, ist es zwecklos, eine Kombination zu suchen, wenn es keine Anzeichen für Zwangszüge gibt. Dann muß weiter manövriert oder vorbereitet werden. Solche zwingenden Mittel schließen Schachgebote, Mattdrohungen, Schlagfälle, Doppelangriffe und schließlich Opferzüge ein. Das sind die Merkmale, die dem Spiel eine bestimmte und zwingende Note geben. Wenn Sie die Methoden des Kombinationskampfes bis zu einem bestimmten Grad meistern, wenn Sie wissen, wie Sie den Gegner zwingen können, Ihrem Diktat zu folgen, sollten Sie in der Lage sein, die folgenden Rätsel zu lösen.
Außer im letzten Beispiel ist in jedem Falle Weiß am Zug.

Diagramm 49 bis 56
Siehe Seiten 35/36.

Diagramm 49
Rigo – Szapi
(Ungarn 1967)

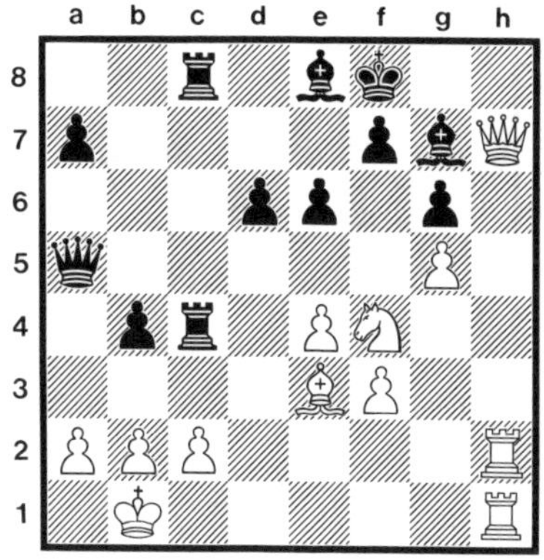

Diagramm 50
Tschigorin – Snosko-Borowsky
(Kiew 1903)

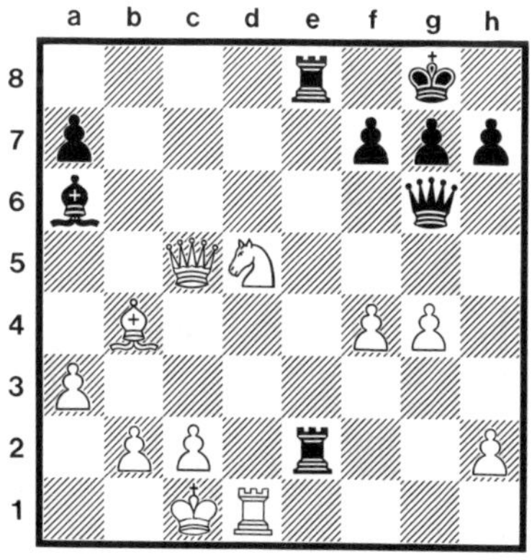

Diagramm 51
Sacharov – Tscherepkov
(Alma Ata 1969)

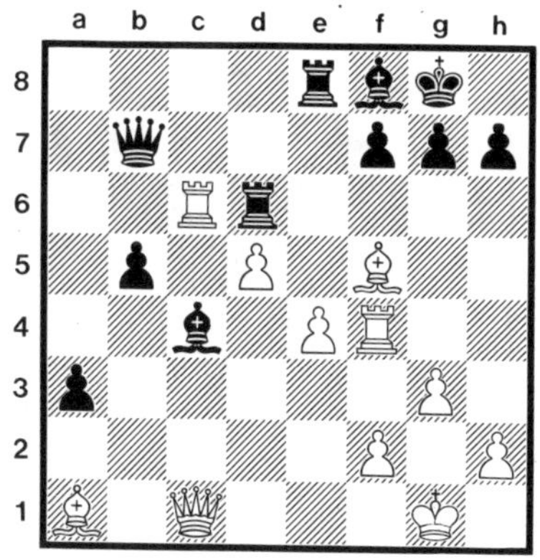

Diagramm 52
Selewinski – Beresin
(Moskau 1957)

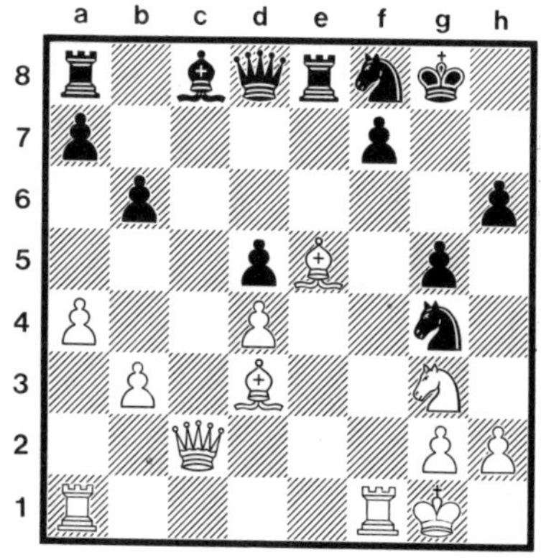

Diagramm 53
Ahues – Amateur
(Berlin 1932)

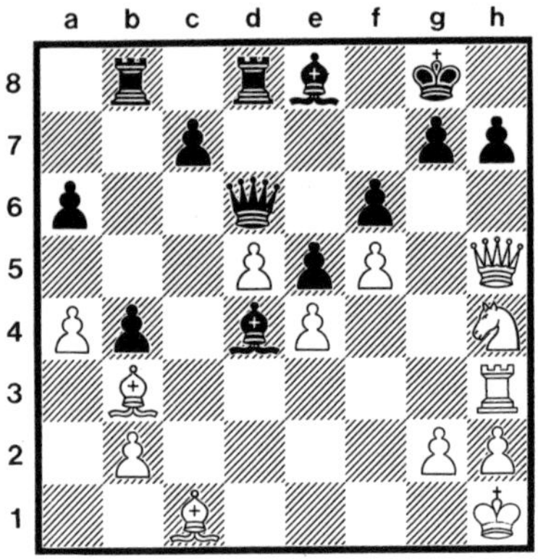

Diagramm 54
De Rooi – Crabbendam
(Beverwijk 1965)

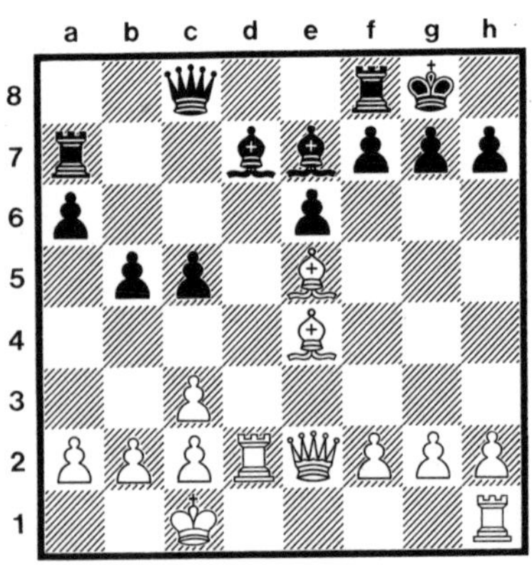

Diagramm 55
Tarrasch – Schlechter
(Wettkampf 1911)

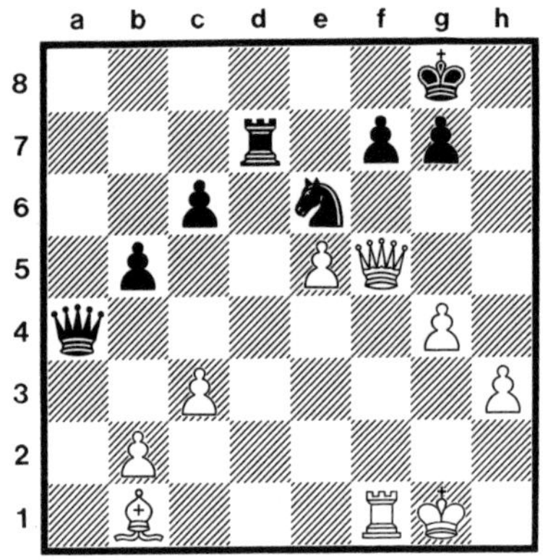

Diagramm 56
Bogoljubow – Monticelli
(San Remo 1930)

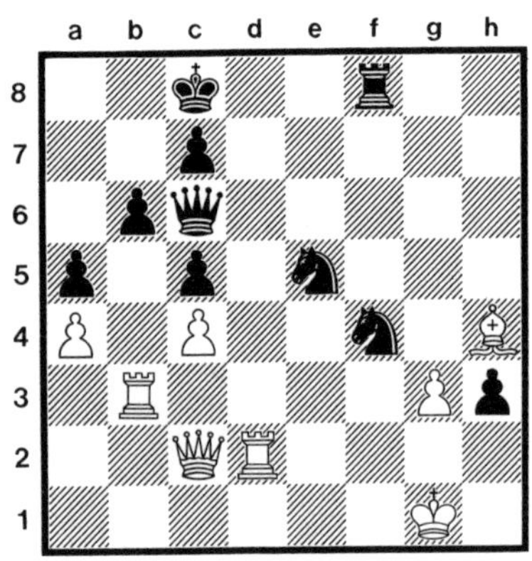

Kombinationen zum Materialgewinn

Der größere Teil dieser Kombinationen fußt auf der Idee des Doppelangriffs, bei der eine Figur oder ein Bauer eine Doppeldrohung aufstellt. Oft ist eine der Drohungen gegen den König gerichtet.
Wenn wir nun zu Beispielen aus der Praxis übergehen, ist es keine Überraschung, daß wir mit Doppelangriffen der Springer oder „Springergabeln“, wie man sie nennt, beginnen. Die besondere Sprungbewegung des Springers stellt den Anfänger vor große Probleme, und es ist kein Zufall, daß Spieler dieses Genres oft begierig sind, die Springer zu tauschen, koste es, was es wolle. Der empfehlenswertere Weg ist natürlich zu versuchen, die Eigenheiten dieser trickreichen Figur zu beherrschen.

Diagramm 57

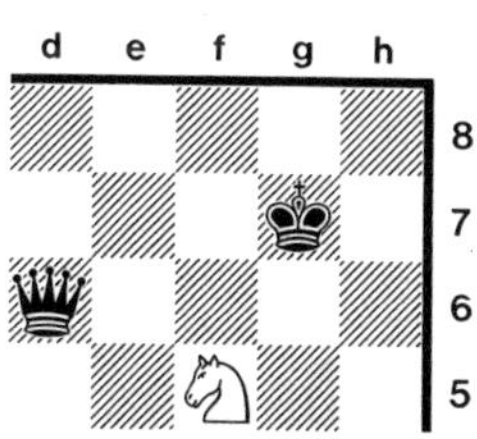

Diagramm 58

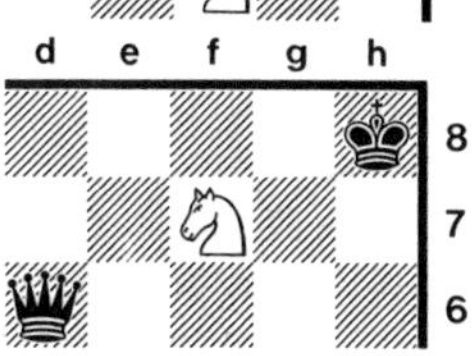

Diagramm 59

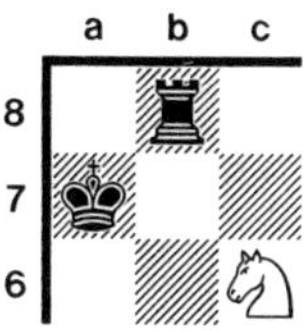

Die Springergabel ist oft sehr eindrucksvoll und unerwartet.

Diagramm 60
Analyse von Löwenfisch

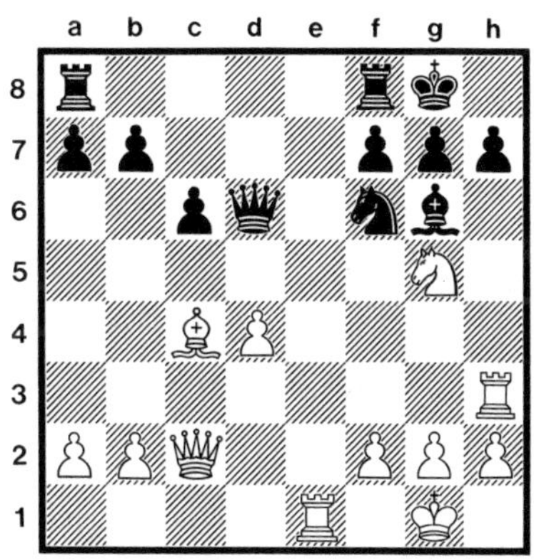

Weiß am Zug

1.Dc2xg6!
Eröffnet die Kombination wie ein Dur-Akkord eines Orchesters. Weiß bereitet die Springergabel vor, indem er zunächst die Bewachung von

f7 schwächt und die h-Linie zur „Hinlenkung" des Königs öffnet.

1. . . . **h7xg6**

2.Lc4xf7†

Um den Turm nach f7 zu zwingen.

2. . . . **Tf8xf7**

3.Th3-h8†

Zieht den König nach h8, weg von der Deckung des Turms.

3. . . . **Kg8xh8**

4.Sg5xf7†

gefolgt von 5.Sf7xd6. Weiß beendet die Kombination mit einem Bauern mehr in einem gewonnenen Endspiel.

Diagramm 61
Réti – Tartakower (Variante)
(New York 1924)

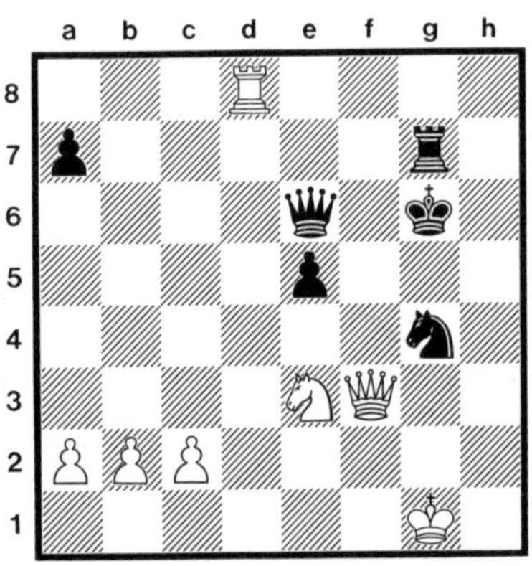

Weiß am Zug

Hier werden beide schwarzen Figuren auf die kritischen Felder gelenkt.

1.Td8-d6 **De6xd6**

2.Df3xg4† **Kg6-h7**

3.Dg4xg7† **Kh7xg7**

4.Se3-f5†

und 5.Sd6:.

Beachten Sie, daß 1.Dg4:† keine Figur erobert, weil der Springer auf g4 gefesselt wird, während 1.Sg4: Db6† den ungedeckten Turm kostet.

Diagramm 62
Bogoljubow – Aljechin
(Den Haag 1929)

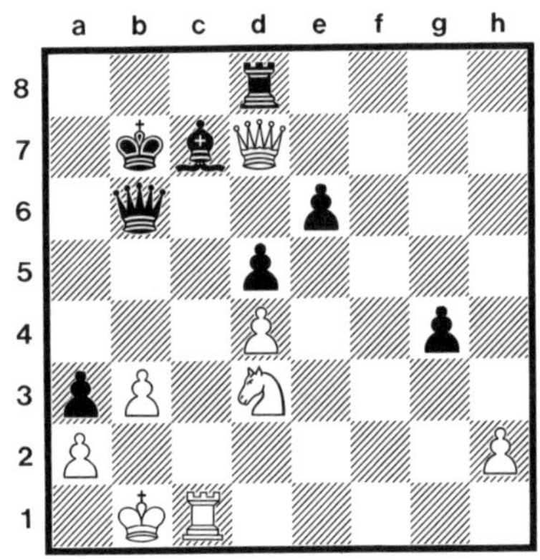

Weiß am Zug

Hier dient die Springergabel zum Einlenken in ein gewonnenes Endspiel.

1.Tc1xc7† **Db6xc7**

2.Sd3-c5† **Kb7-b6**

Nicht Kb8, das eine noch verheerendere Gabel auf a6 zuließe.

3.Dd7xc7† **Kb6xc7**

4.Sc5xe6†

Die Unangreifbarkeit eines Springers wird durch die folgende Stellung auf komische Weise illustriert.

Diagramm 63

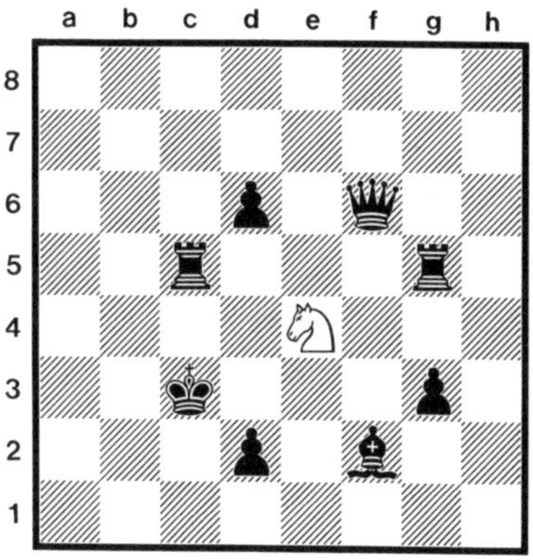

Die Rolle der Dame bei Doppelangriffen braucht keine besondere Erklärung, denn diese Figur verbindet die Zugweisen von Turm und Läufer.

Diagramm 64

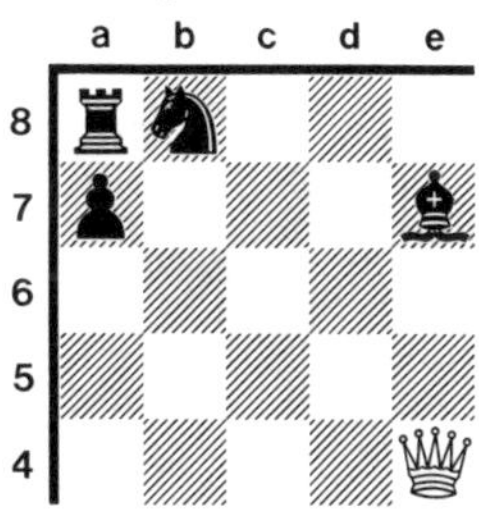

(Diagramm 65 rechte Spalte)
Hier wird der Doppelangriff durch eine hübsche, verwickelte Einleitung vorbereitet.

1.Sf5-h6†!	**g7xh6**
2.Ld3xh7†	

Diagramm 65
Aljechin – Tartakower
(Kecskemet 1927)

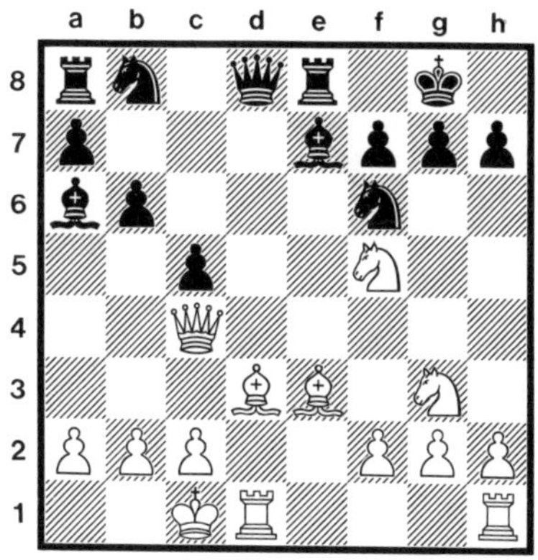

Weiß am Zug

Ein typischer Abzugsangriff. Man beachte, welche Rolle hier die Schwäche des Punktes f7 spielt: auf 2. . . .Kh7: folgt 3.Df7:†, auf 2. . . .Kh8 3.Df7: Dc8 4.Lh6: und gewinnt.

2. . . .	**Sf6xh7**
3.Dc4-g4†	**Kg8-h8**
4.Td1xd8	**Te8xd8**

Schwarz hat eine Menge Material für seine Dame, doch die folgende Gabel gegen Turm und Läufer läßt Weiß in Vorteil kommen.

5.Dg4-e4!	**Sb8-c6**

und die Partie wurde so beendet:

6.De4xc6	**Le7-f8**
7.Sg3-f5	**La6-c4**
8.Le3xh6	**Lc4-d5**
9.Dc6-c7	**Ta8-c8**
10.Dc7-f4	**Tc8-c6**
11.Lh6xf8	**Td8xf8**

12.Df4-e5† **Sh7-f6**
13.Sf5-d6!
Schwarz gab auf.

Diagramm 66

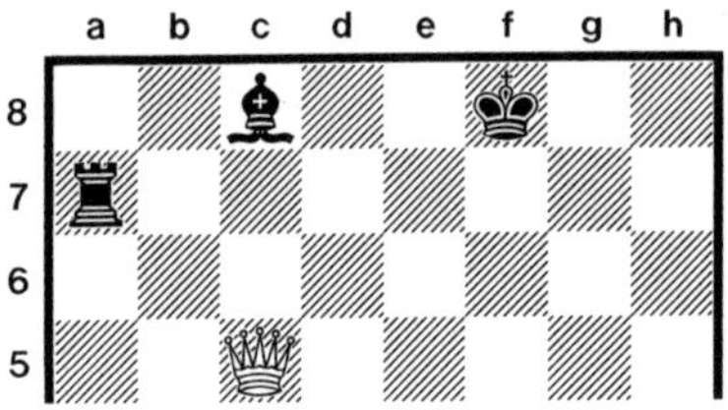

Diagramm 67
Tal – Kolarov
(Reykjavik 1957)

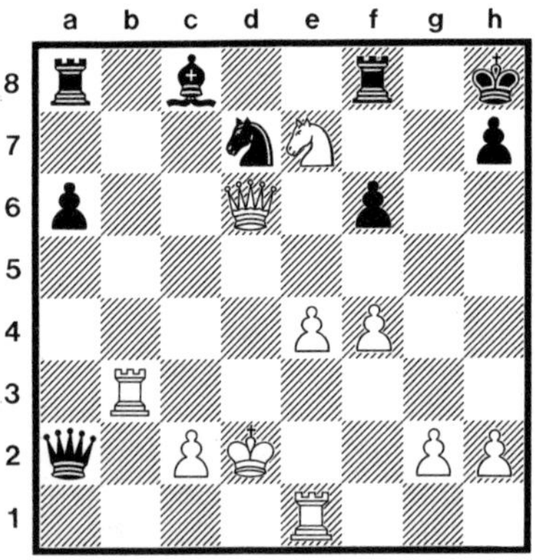

Weiß am Zug

Wie durch einfaches Abzählen ersichtlich, ist es dem Rigaer Meister bereits gelungen, etwas zu opfern und Weiß hat dafür eine gefährliche Initiative erlangt.

1.Dd6-d5 **Ta8-a7**
2.Se7-g6† **Kh8-g7**
Schwarz hat keine bessere Antwort auf die Gabel im Hinblick auf 2. . . .hg? 3.Th3† mit Damengewinn.
3.Sg6xf8 **Kg7xf8**
4.e4-e5! **Sd7xe5**
5.Dd5-c5†
Nun ist die Dame an der Reihe, einen Gabelangriff zu führen (falsch wäre 5.f4xe5 wegen Ta7-d7 mit Fesselung).
5. . . . **Kf8-g8**
6.Dc5xc8† **Kg8-g7**
7.f4xe5
und Schwarz gab bald auf.

Diagramm 68
Judowitsch – Tschechower
(Leningrad 1934)

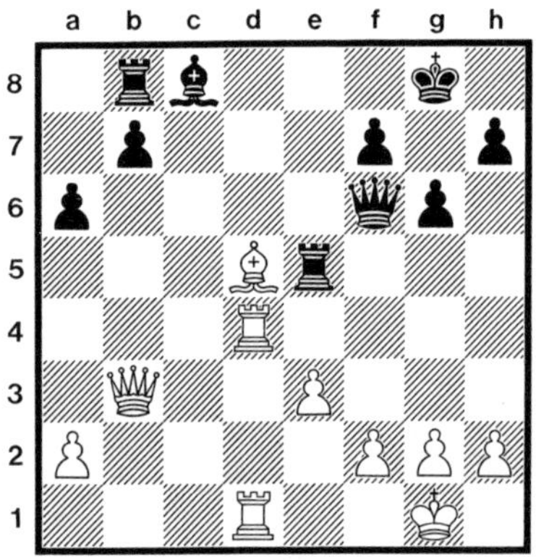

Weiß am Zug

Die ungedeckte Stellung des Turms auf b8 ermöglicht dem Weißen eine Kombination.

1.Ld5xf7† **Df6xf7**
2.Td4-d8† **Kg8-g7**
3.Db3-c3 **Df7-f6**
Sonst folgt 4.f4.
4.Dc3-c7†
und 5.Db8:.

Diagramm 69

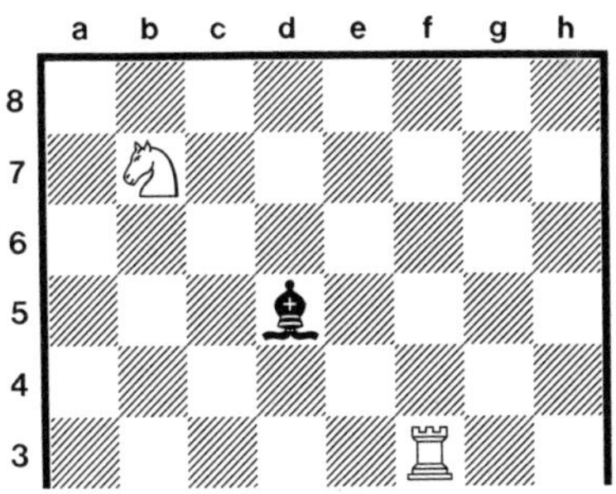

Diagramm 70
Réti – Aljechin
(Baden-Baden 1925)

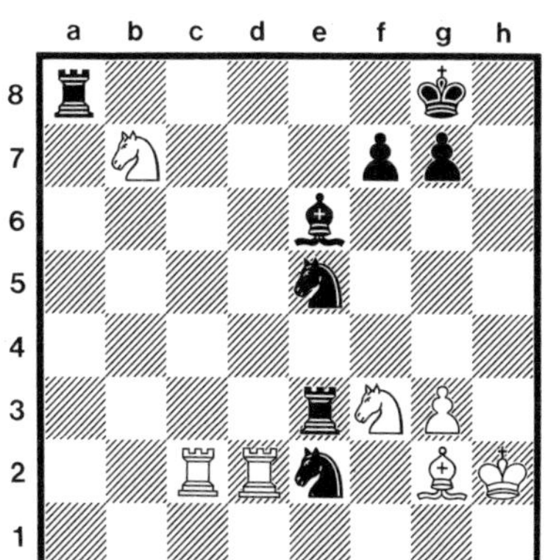

Schwarz am Zug

Aljechin beendete das kombinatorische Feuerwerk in der Partie mit einem schönen Doppelangriff.

1. . . .	**Te3xf3**
2.Td2xe2	**Se5-g4†**
3.Kh2-h3	**Sg4-e3†**
4.Kh3-h2	**Se3xc2**
5.Lg2xf3	**Sc2-d4**
6.Te2-f2	**Sd4xf3†**
7.Tf2xf3	**Le6-d5!**

Weiß gab auf.

Diagramm 71

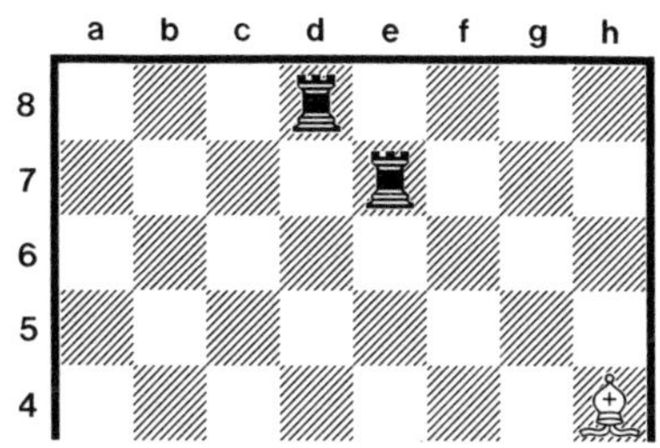

Diagramm 72
Aljechin – Bogoljubow
(Match 1929)

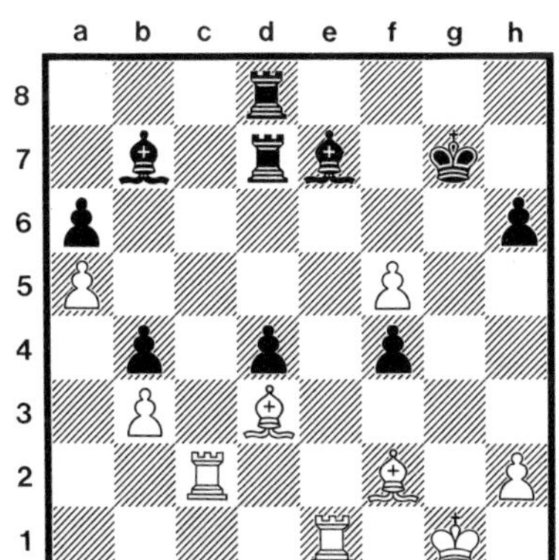

Weiß am Zug

1.Te1xe7†! **Td7xe7**
2.Lf2-h4
Schwarz bleibt in einer kritischen Stellung, weil 2. . . .T7d7 wegen des Doppelangriffs 3.Ld8: Td8: 4.Tc7† verliert und 2. . . .T8e8 wegen der Bauerngabel 3.f6†. So endete die Partie:
2. . . . **Kg7-f7**
3.Lh4xe7 **Kf7xe7**
4.Tc2-c7† **Td8-d7**
5.f5-f6† **Ke7-e8**
6.Ld3-g6† **Ke8-d8**
7.f6-f7
Schwarz gab auf.

Diagramm 73
Kilović – Forintos
(Ungarn 1957)

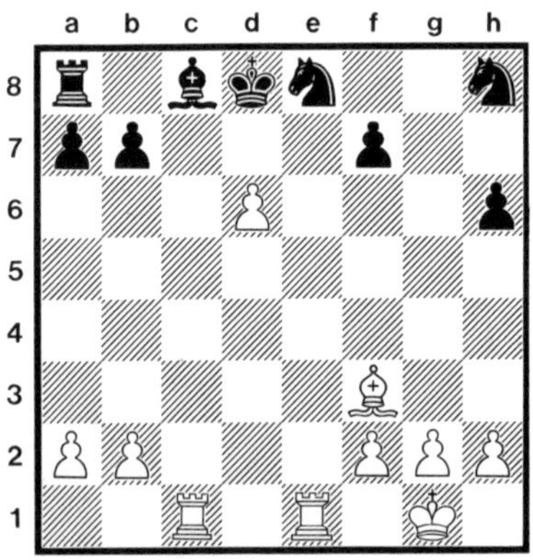

Weiß am Zug

1.Tc1xc8† **Ta8xc8**
2.d6-d7 **Kd8xd7**
3.Lf3-g4† **Kd7-c7**
4.Lg4xc8
und Weiß behält eine Qualität mehr.

Diagramm 74
Blau – Donner
(1958)

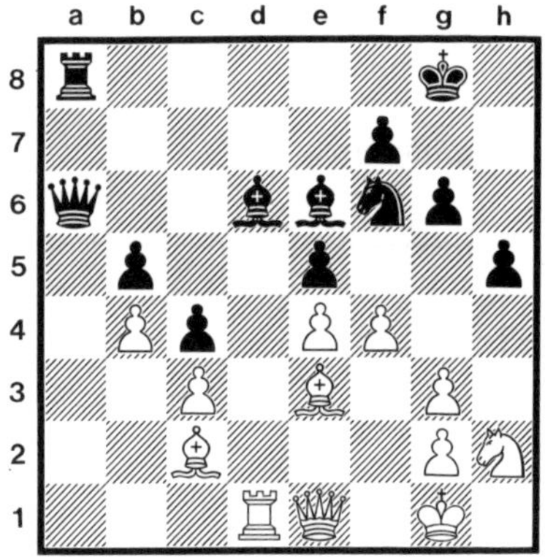

Weiß am Zug

1.Td1xd6! **Da6xd6**
2.f4xe5
und die Dame ist gegen die Gabel machtlos, weil sie nach 2. . . .Dd6xe5 3.Le3-f4 selbst verlorenginge.
Schließlich betrachten wir ein Beispiel, in dem der Materialgewinn der größtmögliche ist – der Gewinn der Dame. Die Methode besteht offensichtlich darin, alle möglichen Rückzüge der gegnerischen Hauptfigur abzuschneiden. Dem Spieler kam der Vorgang gänzlich unerwartet.
(Siehe Diagramm 75 rechte Seite)
1.Sd4-e6! **Lg7-f8**
1. . . .Le6: 2.Lc6:† und 3.Da5:. Jetzt sind jedoch alle Rückzugfelder unter Kontrolle, so daß der Schlußstrich gezogen werden kann.
2.b2-b4 **Sc6xb4**

Diagramm 75
Liberman – Joffe
(1961)

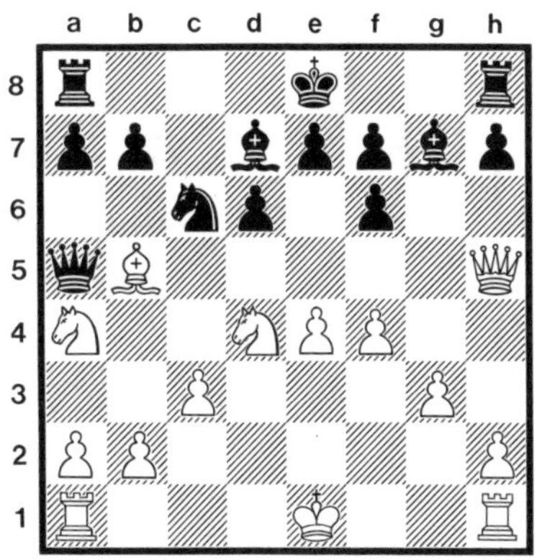

Weiß am Zug

Verzweiflung. Die Partie ging zu Ende mit

3.Lb5xd7†	**Ke8xd7**
4.Se6xf8†	**Th8xf8**
5.Dh5xa5	

Schwarz gab auf.

Praktische Übungen

Diagramm 76
Morphy – Baucher
(Paris 1858)

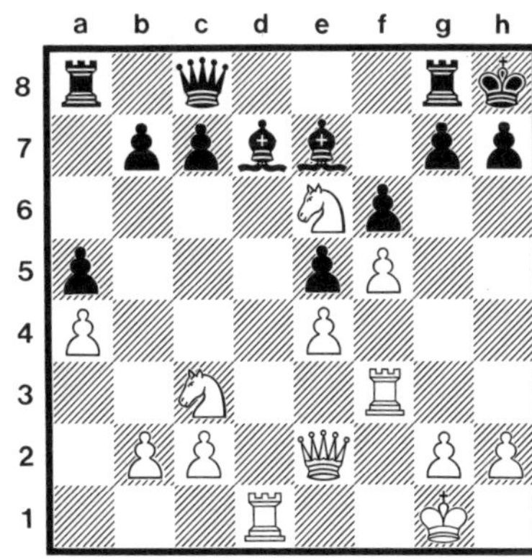

Weiß am Zug

Diagramm 77
Rossetto – Cardoso
(Portoroz 1958)

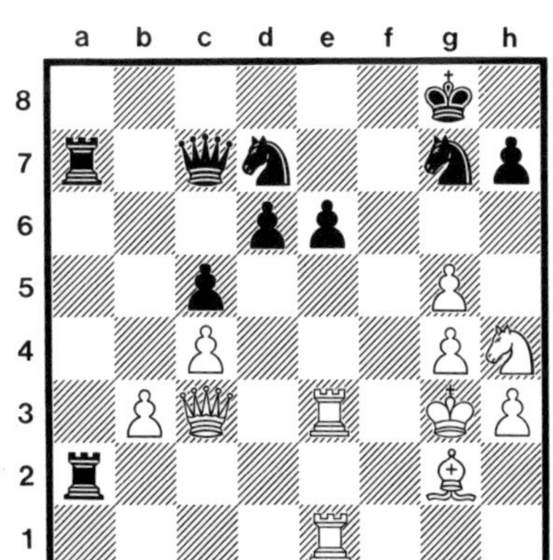

Weiß am Zug

Diagramm 78
Nimzowitsch – Aljechin
(St. Petersburg 1914)

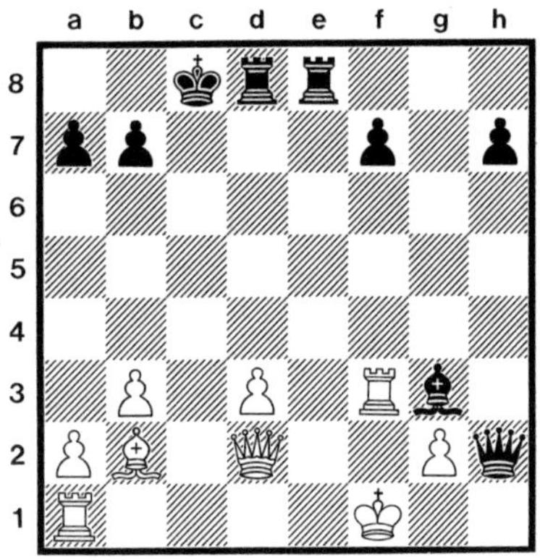

Weiß am Zug

Diagramm 79
Becker – Jung
(Wensheim 1948)

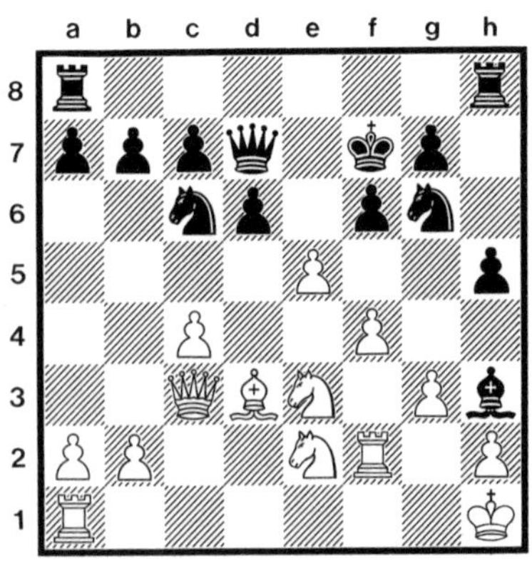

Weiß am Zug

Diagramm 80
Kofman – Sakketi
(1949)

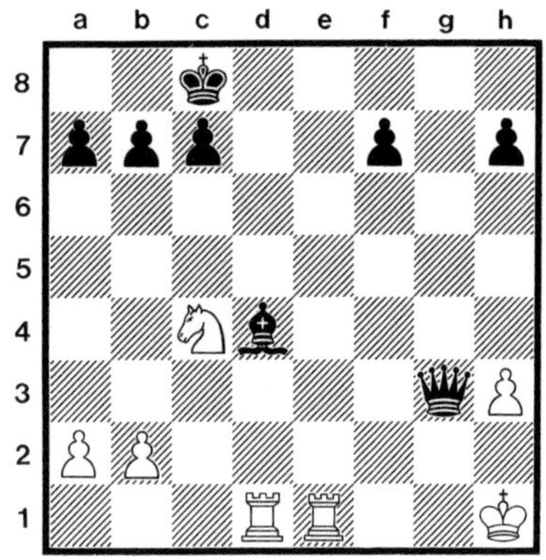

Weiß am Zug

Diagramm 81
Taimanov – Lissizin
(Leningrad 1948)

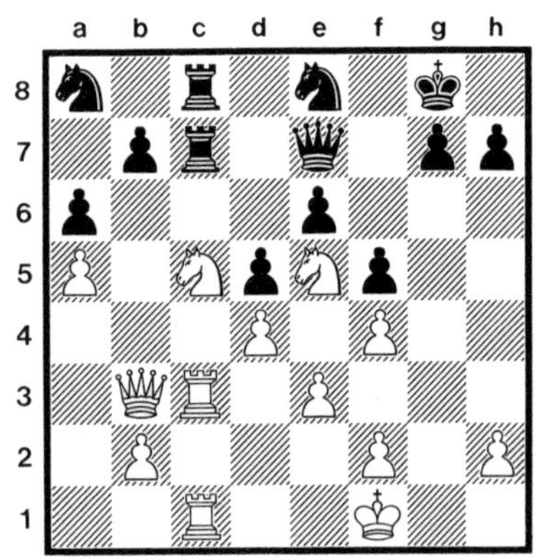

Weiß am Zug

Diagramm 82
Lomaja – Cholmov
(1961)

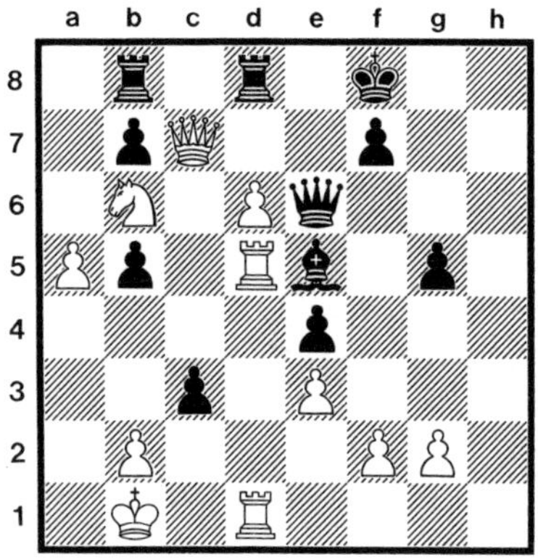

Weiß am Zug

Diagramm 83
Füster – Balogh
(Budapest 1950)

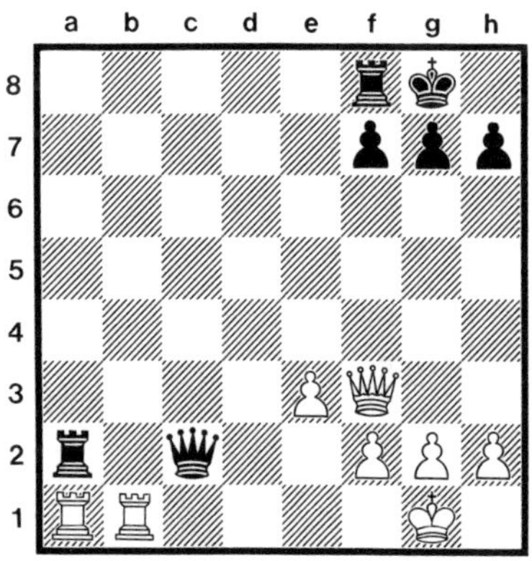

Schwarz am Zug

Im letzten Diagramm beantworten Sie bitte die Frage, ob Schwarz gut daran tut, mit 1. . . .Dc6xg2† (2.Kg2: Se3† und Sd1:) einen Bauern zu erobern.

Diagramm 84
Swiderski – Marshall
(Nürnberg 1906)

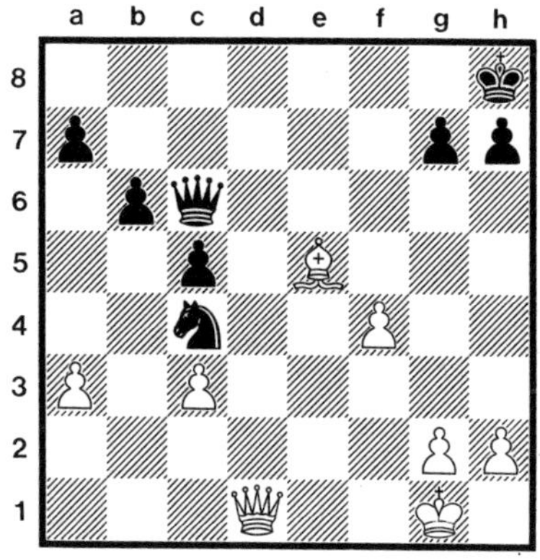

Schwarz am Zug

Verschiedene taktische Kniffe

Dieses Kapitel enthält 15 solche Kniffe, von denen wir einigen bereits begegnet sind. Ihre Namen bezeichnen die Ideen, die mit ihnen verbunden sind, und die jeweilige Erwähnung des technischen Begriffs wird die Denkarbeit in vielen Stellungen anregen.

Abzugsangriff

Wie wir schon gesehen haben, hat es der Verteidiger schwer, wenn eine Figur durch ihren Zug gleichzeitig den Zugriff einer anderen Figur ermöglicht. Anfänger werden mit dem Trick bald vertraut sein, der in hohem Maße zur dynamischen Seite des Schachs beiträgt. Zum Beispiel wird in der Russischen Verteidigung 1.e4 e5 2.Sf3 Sf6 3.Se5: die Beibehaltung der Symmetrie seitens des Schwarzen mittels 3. . . .Se4:? rasch bestraft mit 4.De2. Auf 4. . . .Sf6 käme der Abzugsangriff 5.Sc6, der Schachgebot und Angriff auf die Dame mit einander verbindet.
(Diagramm 85 rechte Spalte)
Erfahrenere Spieler würden die Gefahr heraufziehen sehen, wenn sie erkennen, daß die feindliche Dame und der eigene König auf der gleichen Linie stehen, und mit 4. . . .De7 5.De4: d6 den Springer zurückge-

Diagramm 85

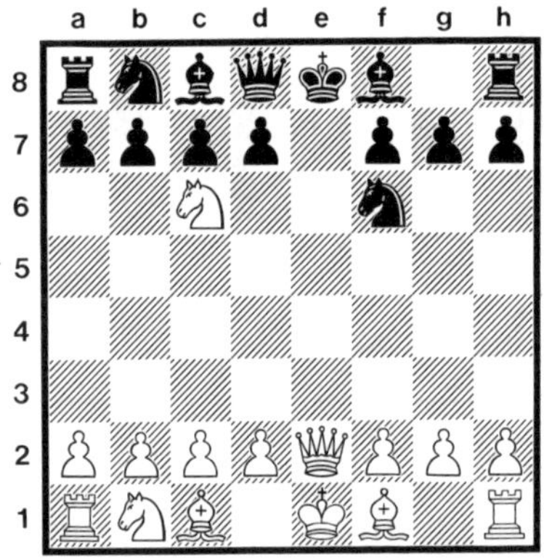

winnen. Weiß steht nach 6.d4 noch immer besser.
(Siehe Diagramm 86 rechte Seite)
Weiß teilte den furchtbaren Schlag **1.Ld5-g8** aus, der Schwarz zur sofortigen Aufgabe bewog, denn von den beiden Drohungen 2.Df5-h7 matt und 2.Td2xd8 ist nur eine abzuwenden.
Wer sich auf eine Kombination einläßt, muß sich stets davor hüten, daß der Gegner einen unerwarteten und zwingenden Zwischenzug, oft ein Schachgebot, einschaltet. Im Falle eines Doppelangriffs ist dieser Zwischenzug die einzige Form der Verteidigung. Wenn also Weiß im Diagramm 86 keinen Bauern auf f2 gehabt hätte, wäre 1.Lg8 ein „Bock“

Diagramm 86
Trifunović – Aaron
(Beverwijk 1962)

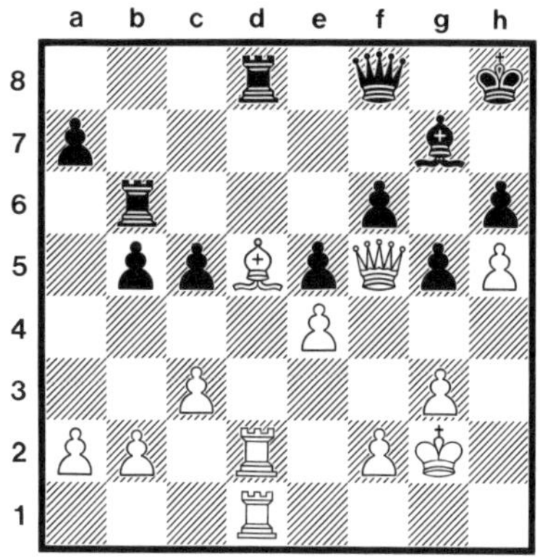

Weiß am Zug

gewesen. Schwarz kann dann den Zwischentausch auf d2 mit Schachgebot einschalten und danach den Läufer schlagen.

(Diagramm 87 rechte Spalte)

1.Sf3-g5!

Weiß greift den Bh7 und den Te3 an. Die Dame ist nicht gefährdet, weil Schwarz das Matt auf der Grundlinie nicht zulassen darf.

1. . . . **f6xg5**
2.Te1xe3 **Te8xe3**
3.Dh3xe3 **Sd7-f6(?)**

Nötig war 3. . . .Dc7-d8.

4.De3-e8†

Ein Ablenkungsopfer, das sofort gewinnt (4. . . .Se8: 5.Tf8‡, oder 4. . . . Sg8 5.Tf8).

(Diagramm 88 rechte Spalte)

Noch ein typisches Beispiel.

1.Sd7-f6† **Kg8-h8**

Diagramm 87
Slotnik – Wassin
(Moskau 1962)

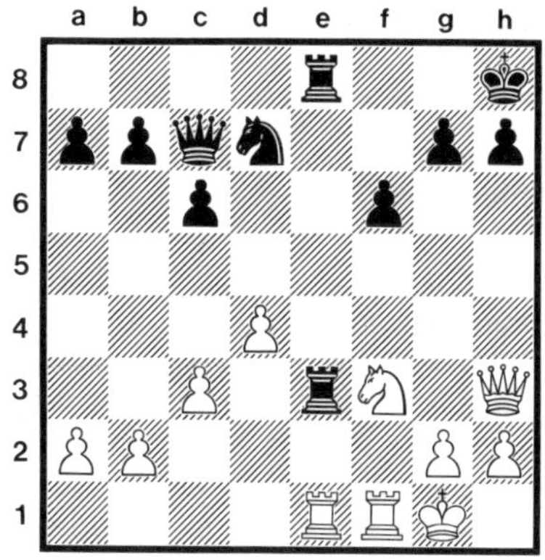

Weiß am Zug

Diagramm 88
Wasjukov – Barcza
(Moskau 1962)

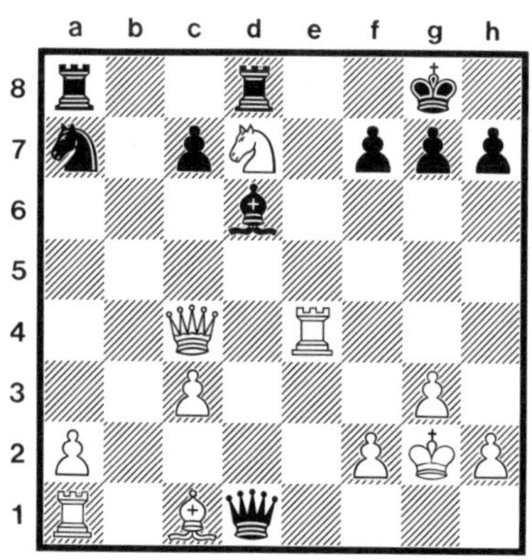

Weiß am Zug

1. . . .gf 2.Tg4† Kh8 3.Lh6 Da1: 4.Df7: und erzwingt das Matt.

2.Lc1-h6! **Dd1xa1**
3.Dc4xf7 **Td8-g8**
4.Lh6xg7†!

Schwarz gab auf (Tg7: 5.Te8†).

Ablenkung

Kombinationen, die dieses Thema behandeln, ereignen sich sehr häufig, und wir haben bereits eine Anzahl von Beispielen in diesem Buch gesehen. In solchen Fällen lenkt der Angreifer die gegnerischen Kräfte von der Verteidigung wichtiger Punkte ab.

Diagramm 89
Byvschev – Tolusch
(Leningrad 1954)

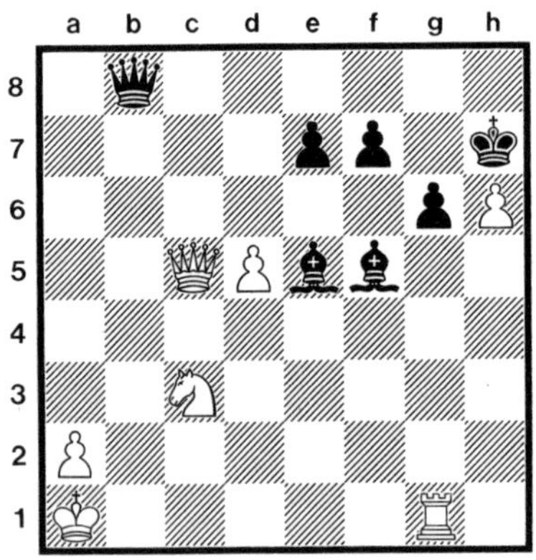

Schwarz am Zug

Die weiße Dame hat eine lebenswichtige Verteidigungsaufgabe zu leisten – den König vor dem Matt zu schützen (entferne die Dame vom Brett und Schwarz hat Lc3: matt). Schwarz spielt so, daß er die Dame von ihrer Aufgabe ablenkt.

1. . . . **Db8-a7!**

Aber nicht 1. . . .Db6 2.Db6: Lc3:† 3.Db2.

Weiß gab auf. Die weiße Dame kann die Verteidigung nicht aufrechterhalten, ohne den Turm auszuliefern.

Wir zeigen nun ein Beispiel, in dem die Ablenkung in versteckterer Form auftritt.

Diagramm 90
Geller – Portisch
(Moskau 1967)

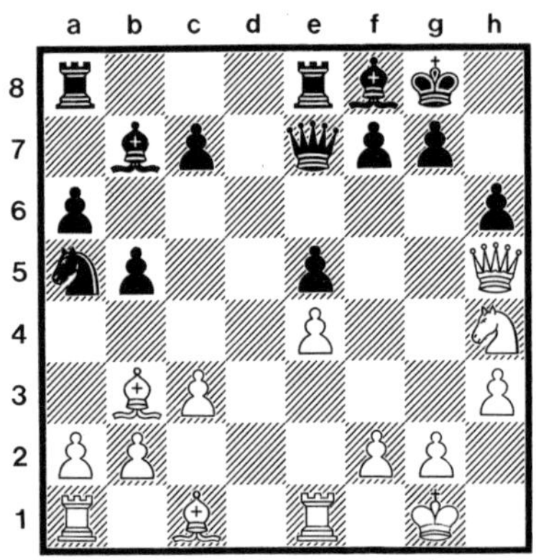

Weiß am Zug

1.Lc1-g5! **De7-d7**

1. . . .hg? 2.Sg6, oder 1. . . .Dg5: 2.Df7:† und setzt matt.

2.Ta1-d1 **Lf8-d6**
3.Lg5xh6! **g7xh6**

Wir sehen nun die Idee, die hinter dem Spiel des Weißen steckte. Er wollte den Läufer von dem Punkt f8 entfernen und erreichte das, indem er zuvor f7 unter Druck setzte. Falls 3. . . .Sb3:, so 4.Lg7:! Kg7: 5.Sf5†. Auch nach dem Textzug erhält Weiß einen kraftvollen Königsangriff.

4.Dh5-g6† **Kg8-f8**

5.Dg6-f6

Ein sogenannter „stiller Zug", der nicht übersehen werden darf, auch wenn unser Gehirn mit größeren Unternehmungen beschäftigt ist. Die Drohungen lauten 6.Sf5 und 6.Sg6†. Schwarz zog verzweifelt.

5. . . . **Kf8-g8,**

doch nach

6.Te1-e3 gab er auf.

Diagramm 91
Stephenson – Brian
(England 1962)

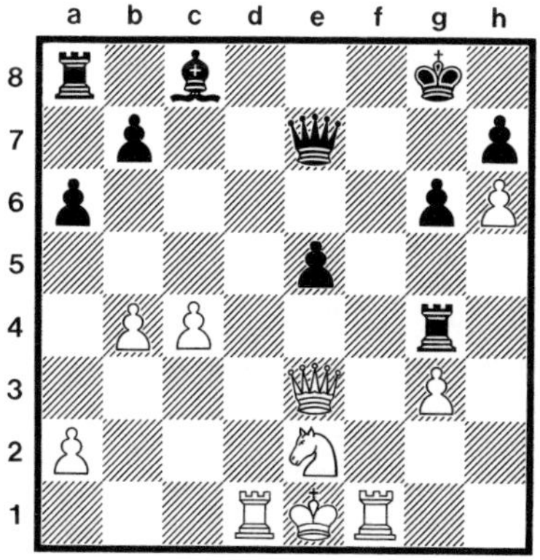

Weiß am Zug

Ein Ablenkungsopfer kann sehr gut durch ein Hinlenkungsopfer ergänzt werden wie in diesem Beispiel aus England.

1.Td1-d8† **De7xd8**

Zuallererst muß die Dame abgelenkt werden.

2.De3xe5 **Dd8-d7**

3.De5-h8†!

Nun wird der König auf ein minder gutes Feld (Eckfeld) gelenkt, so daß sich ein Mattnetz bildet.

3. . . . **Kg8xh8**

4.Tf1-f8‡

Hinlenkung

Das Merkmal dieses Tricks besteht in einem Opfer, das eine Figur auf ein unvorteilhaftes Feld lenkt oder lockt. So wurde im letzten Beispiel der König in die Ecke gezogen, wo er das Einbruchsfeld f8 nicht mehr deckte und außerdem weniger Fluchtfelder hatte. Das „erstickte Matt" mit dem Springer ist ein Beispiel. Dabei wird mit Hilfe eines Damenopfers ein Stein auf ein Feld gelenkt, wo er den König blockt oder „erstickt". Im Kapitel über Springergabeln gaben wir Beispiele, wie Figuren auf Felder gelenkt wurden, auf denen sie einer Gabel ausgesetzt waren.

(Siehe Diagramm 92 Seite 50)

1.Tc1-c7 **De7xc7**

2.Td6xd8

Schwarz gab auf.

Die Dame wurde auf ein ungedecktes Feld gelenkt, und dann erwach-

Diagramm 92
Muffang – Devos
(Paris)

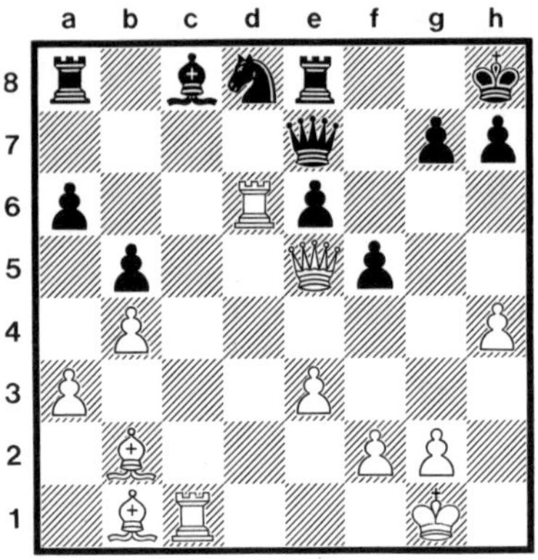

Weiß am Zug

Diagramm 93
Lasker – Euwe
(Nottingham 1936)

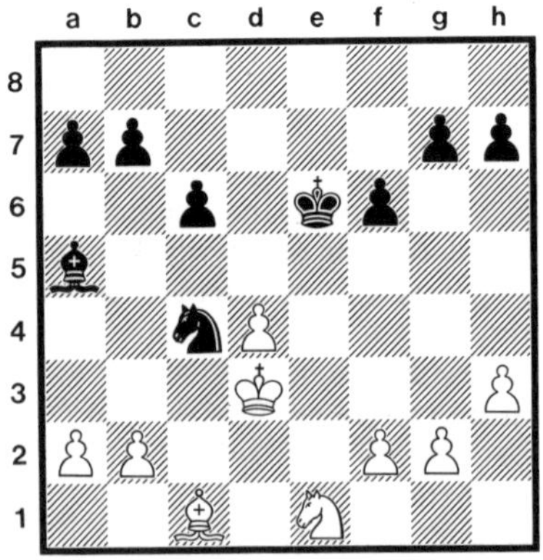

Weiß am Zug

ten die versteckten Möglichkeiten eines Matts auf der Grundlinie oder auf g7 zum Leben.
(Diagramm 93 linke Spalte)
Der letzte Zug des Schwarzen war Lc7-a5, der den Springer im Stich ließ, dafür aber den weißen Springer bedrohte. Lasker kamen vermutlich die Züge seines Springers zu Bewußtsein, die ihm die folgende Überraschungsantwort eingaben.

1.b2-b4 **La5xb4**
2.Se1-c2

Der Läufer wurde auf ein Feld gelockt, wo er von dem bedrohten Springer angegriffen werden konnte, und Weiß gewann eine Figur. Es folgte noch: 2. . . .Ld2 3.Ld2: Sb2† 4.Ke2 Kd5 5.Lc1 Sc4 6.Kd3 Sb6 7.Se3† Ke6 8.Sc4 Sc8 9.Sa5 Sd6 10.Lf4. Schwarz gab auf.

Überlastete Figuren

Wenn wir einer Figur eine Verteidigungsaufgabe anvertrauen, ist es unbedingt erforderlich zu bedenken, wie erfolgreich sie diese Rolle auszufüllen vermag. Hat man einer Figur zur gleichen Zeit eine Anzahl von Aufgaben aufgebürdet, kann es zur Überlastung kommen mit den gleichen mißliebigen Folgen, als wenn wir eine elektrische Leitung überlasten.
(Siehe Diagramm 94 rechte Seite)
Die weißen Figuren sind unzweideutig auf den feindlichen König gerichtet. Ein unmittelbarer Angriff verspricht jedoch noch keinen Er-

Diagramm 94
Petuchov – Jurikiwi
(Lettische Fernschach-Meisterschaft 1968-69)

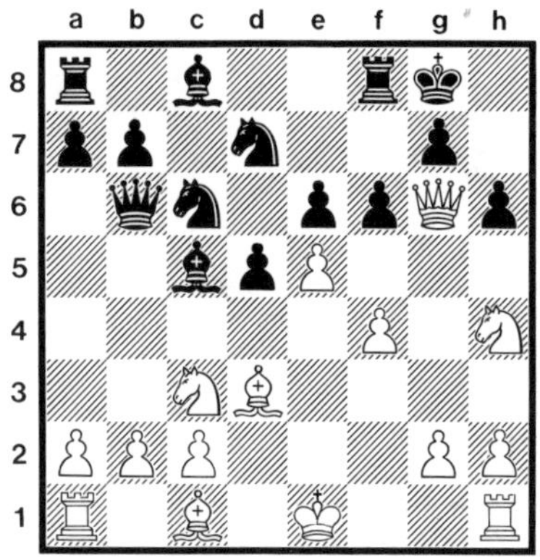

Weiß am Zug

folg (1.Dh7† Kf7 2.Lg6† Ke7 3.Dg7:† Kd8 4.Sf3 fe 5.fe Tf3: 6.gf Lf2† und Schwarz hat ein gefährliches Gegenspiel).
Statt dessen gibt es einen kombinatorischen Schlag, der den Gegner zur sofortigen Aufgabe bewegt.

1.Sc3xd5!

Wir sehen nun, daß der e-Bauer überlastet war. Er mußte den d-Bauern verteidigen und Sf5 verhindern. Falls nun 1. . . .ed, so 2.Sf5 Tf7 3.Sh6:†.

(Diagramm 95 rechte Spalte)

1.Te5-e8†! Kh8-g7
2.Te8xc8

Schwarz gab auf.
Der Tc8 war überlastet wegen der Aufgabe, sowohl die 8. Reihe als

Diagramm 95
Simagin – Nikolić
(Kislowodsk 1968)

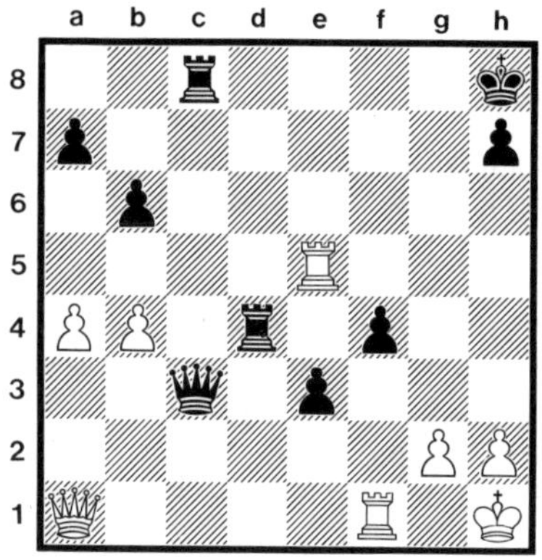

Weiß am Zug

auch die Dame zu verteidigen, und die Dame war überlastet, weil sie beide Türme decken sollte.

Diagramm 96
Tolusch – Kopylov
(Leningrad 1954)

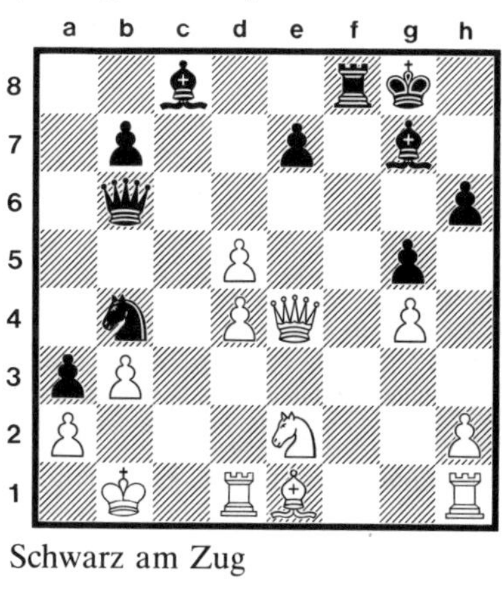

Schwarz am Zug

Dem weißen König wird es sehr zugig vorkommen, und wie sich zeigt, ist die weiße Dame überlastet wegen der Notwendigkeit, die Diagonale b1/h7 und gleichzeitig den Bg4 zu schützen.

1. . . . Lc8xg4!

Unerwartet und eindrucksvoll. Falls 2.Dg4:, so 2....Dg6† 3.Ka1 Sc2† 4.Kb1 Sd4:† 5.Ka1 Sb3: matt.

2.Le1xb4 Lg4-f5

3.De4xf5 Tf8xf5

Die Würfel sind bereits gefallen.

4.Lb4xa3 Db6-a6

Ein Doppelangriff. Weiß versucht noch, sich mit Gegenangriffen aus der Affäre zu ziehen.

5.Se2-g3 Tf5-f2

6.Sg3-e4

Oder 6.Lb2 Dg6† 7.Ka1 Dc2 8.Tb1 Ld4: und gewinnt.

6. . . . Tf2-f4!

Weiterer Materialverlust ist unvermeidlich. Weiß gab auf.

Den Schutz des Königs beseitigen

Kombinationen mit diesem Thema handeln von Opfern, mit deren Hilfe Figuren vom Brett entfernt werden, die eine lebenswichtige Verteidigungsaufgabe erfüllen.

(Diagramm 97 rechte Spalte)

Weiß hat volle Beweglichkeit seiner Streitkräfte erreicht und eine eindrucksvolle Feuerkraft auf dem Königsflügel versammelt. Es ist jedoch schwer, den Angriff weiter zu verstärken – der feindliche Springer hat einen sehr starken Vorposten besetzt. Gegen diese Figur richtet Weiß seinen ersten Schlag.

Diagramm 97
Tal – Najdorf
(Leipzig 1960, Schacholympiade)

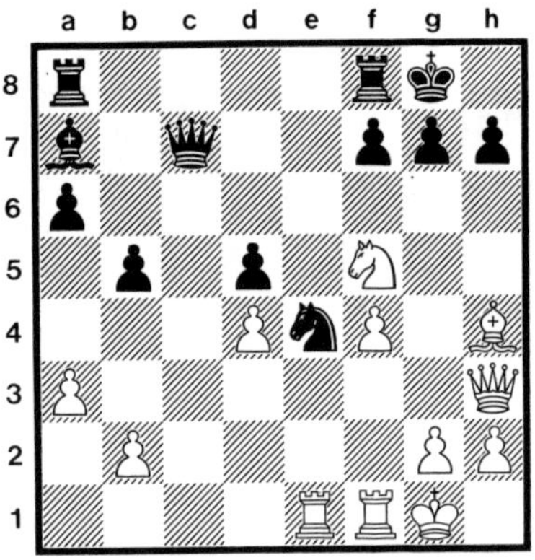

Weiß am Zug

1.Te1xe4! d5xe4

2.Lh4-f6 Dc7-b6

3.Lf6xg7 Tf8-e8

4.Lg7-e5 Db6-g6

5.Sf5-h6† Kg8-f8

6.f4-f5!

Schwarz gab auf (6. . . .Dg5 7.Sf7:!).

(Siehe Diagramm 98 rechte Seite)

1. . . . Tb6xb2!

Das zeigt, daß der Bb2 der wunde Punkt der weißen Stellung war. Sobald er beseitigt wird, fällt die weiße Partie auseinander.

2.Tb1xb2 Tb8xb2

3.Dc2xb2 Le5xc3

4.Db2-b7 Lc3xa1

Diagramm 98
Bindrich – Golz
(DDR 1969)

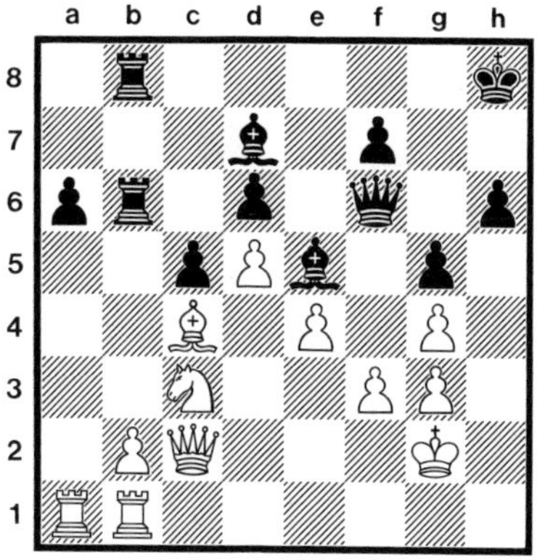

Schwarz am Zug

Diagramm 99
Cholmov – Bannik
(UdSSR 1962)

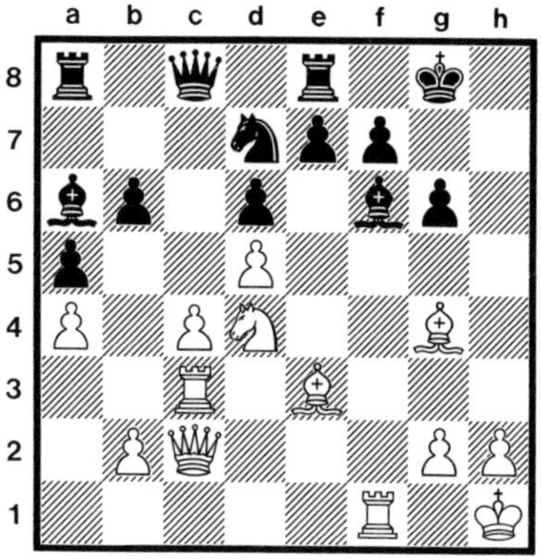

Weiß am Zug

Weiß gab auf (5.Dd7: Db2† 6.Kh3 Dc1 mit Doppeldrohung gegen h1 und c4).
Im nächsten glänzenden Beispiel prasseln die weißen Schläge auf der Königsseite als Vorspiel eines vernichtenden Angriffs hernieder.
(Diagramm 99 rechte Spalte)

1.Lg4-e6!	**Kg8-g7**
2.Le3-h6†!	**Kg7xh6**
3.Sd4-f5†!!	

Zwingt Schwarz, die Königsfestung zu öffnen.

3. . . .	**g6xf5**
4.Dc2-d2†	**Lf6-g5**
5.Tc3-h3†	**Kh6-g6**
6.Le6xf5†	

Schwarz gab auf.

Felder- oder Linienräumung

Als wir die Studie von A. Selezki (im ersten Teil des Buchs) untersuchten, erkannten wir, daß unsere eigenen Figuren unsere schlimmsten Feinde sein können, wenn sie ein Feld verstellen, das für eine andere Figur bitter nötig gebraucht wird. Manchmal ereignet sich das während eines Angriffs. Dann müssen wir überlegen, ob diesem Mangel durch das Opfer der „lästigen“ Figur abgeholfen werden kann, um ein entscheidendes Feld zugänglich zu machen oder eine entscheidende Angriffslinie zu öffnen.

(Siehe Diagramm 100 Seite 54)

Diagramm 100
Heemsoth – Heissenbüttel
(BR Deutschland 1958)

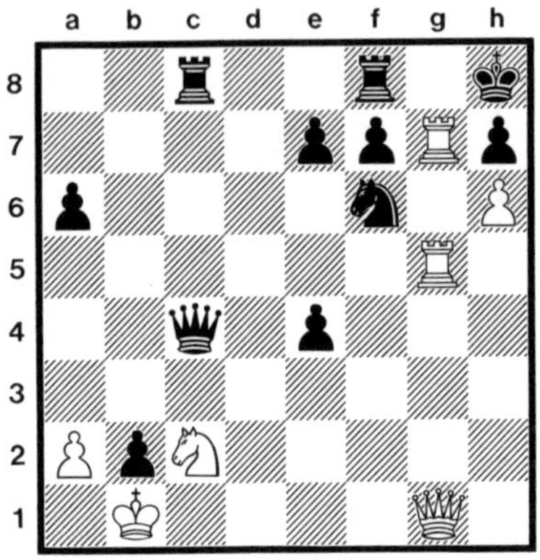

Weiß am Zug

Der weiße Angriff auf der g-Linie scheint in eine Sackgasse geraten zu sein, während Schwarz auf der anderen Bretthälfte wirkliche Drohungen aufweist. Eine sorgfältige Untersuchung der Stellung wird zeigen, daß die eigentliche Schwäche im schwarzen Lager der Punkt g7 ist, und die weiße Dame wird durch die eigenen Türme daran gehindert, dorthin zu gelangen. Sobald wir das erkannt und gesehen haben, daß der vordere Turm leicht zu beseitigen ist, sehen wir die Lösung.

1.Tg5-c5!

Weiß macht den Weg für die Dame frei, während er die feindliche Dame angreift und die Drohung auf der c-Linie verstellt. Schwarz gab auf, denn 1. . . .Dc5: hat 2.Th7:† und 3.Dg7 matt zur Folge.

Diagramm 101
Gurgenidse – Sergievski
(UdSSR 1962)

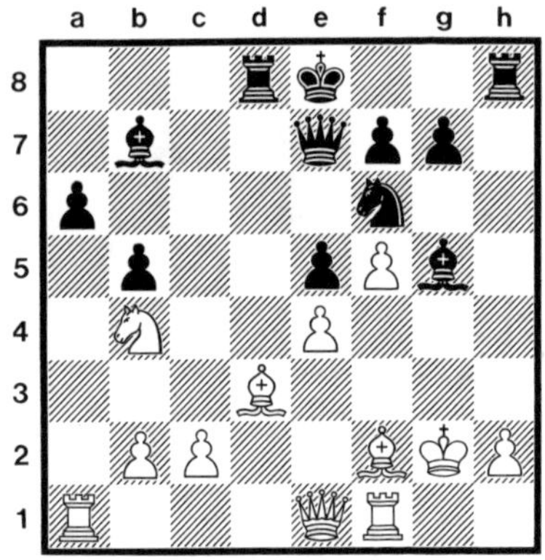

Schwarz am Zug

Es gibt klare Anzeichen dafür, daß sich Weiß in einer kritischen Lage befindet – der schwache Königsflügel, die offene h-Linie, die lange weißfeldrige Diagonale. Um einen Mattangriff zu führen, muß Schwarz sich das Feld g5 für die Dame nutzbar machen und die weiße Dame von dem Punkt e4 ablenken.

1. . . .	**Lg5-d2**
2.De1xd2	**Sf6xe4**
3.Dd2-e3	**De7-g5†!**
4.De3xg5	**Se4xg5†**

und das Matt ist nicht zu decken (5.Kg3 Th3† 6.Kg4 Lf3† 7.Kg5: Th5 matt).

Manchmal ist es nötig, nicht nur ein einzelnes Feld freizumachen, sondern eine ganze Feldergruppe, um einen Läufer auf der Diagonalen oder eine schwere Figur auf einer offenen Linie wirksam werden zu lassen.

Diagramm 102
Panov – Makogonov
(Gespielt in der UdSSR)

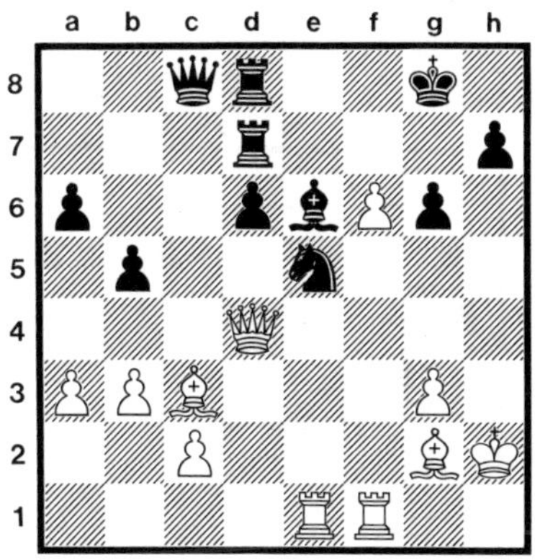

Weiß am Zug

Dieses Beispiel liefert eine weitere Bestätigung dafür, daß das Grundziel eines Opfers darin besteht, die Feuerkraft der verbliebenen Streitkräfte zu erhöhen.
Weiß opfert die Qualität, um den Druck auf der schwarzen Diagonalen zu steigern.

1.Te1xe5! **d6xe5**
2.f6-f7†

Dieser Zug befähigt Dame und Läufer, mit Volldampf zu arbeiten. Eine unglückliche Aufstellung unserer Figuren bedeutet manchmal, daß unsere Streitkräfte wirkungslos stehen und im eigenen Lager nach Luft schnappen. Ein äußerst eindringliches Beispiel für solch einen Fall ist das erstickte Matt durch den Springer, wenn Verteidigungsfiguren den König umringen und doch wirkungslos bleiben.
Studieren Sie die besten Partien von Spasski, Tal, Keres und Stein und Sie werden sehen, daß ihre Figuren mit voller Kraft auf offenen Linien arbeiten und bereit sind, bei der ersten Gelegenheit in das Lager des Gegners einzubrechen, während sie nach einer Bruchstelle in seiner Stellung suchen.

2. . . . **Td7xf7**
3.Dd4xe5 **Kg8-f8**
4.De5-g7† **Kf8-e7**
5.Lc3-b4†

Schwarz gab auf.
Im Kapitel über Mattkombinationen haben wir schon gesehen, wie Linienöffnungen erzwungen werden. Um das Bild zu vervollständigen, geben wir ein weiteres lehrreiches Beispiel.
(Siehe Diagramm 103 Seite 56)
Die h-Linie ist für die schweren Figuren geöffnet, doch der allmähliche Aufbau eines Drucks mittels Verdoppelung der Türme auf der h-Linie wäre zu langsam. Weiß hatte statt dessen eine bemerkenswerte Gewinnidee.

1.g2-g4 **Le6xg4**

Erzwungen im Hinblick auf die Drohung 2.f4-f5.

2.Td1-g1 **Lg4-f5**
3.Th1xh7!!

Erst nach diesem Turmopfer wird die Bedeutung der offenen g-Linie klar. Weil 3. . . .Kh7: das Matt nach 4.Th1† zuließe, wird die verteidi-

Diagramm 103
Startschenko – Goldberg
(Moskau 1956)

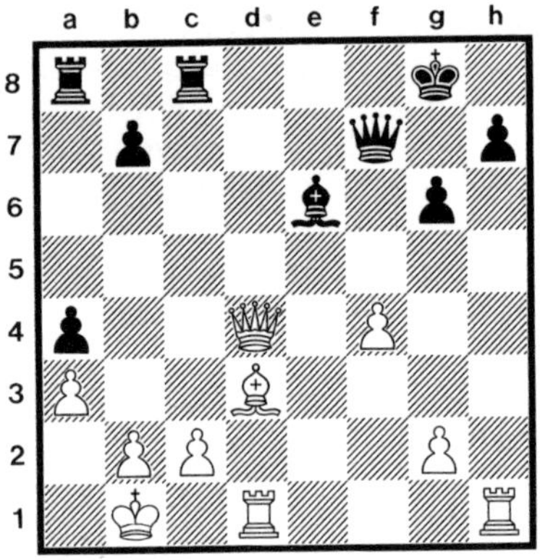

Weiß am Zug

gende Dame weggelockt, und nach der Entfernung des Läufers bricht der ganze Verteidigungsaufbau zusammen.

3. . . . **Df7xh7**
4.Ld3xf5 **Tc8-c7**

4. . . .Tc6 5.Le4!, und jeder Turmzug kostet Material.

5.Lf5xg6 **Dh7-h4**
6.Lg6-e4† **Kg8-f8**
7.Tg1-h1

Schwarz gab auf.
Verläßt die Dame die h-Linie, folgt Th1-h8†xa8.

Gestörte Verbindungen

Dieser Kniff wird verwendet, wenn wir den Zusammenhalt zweier Figuren, die eine entscheidende Verteidigerrolle spielen, zerstören wollen. Das nächste Beispiel kann auch in die Gruppe der „überlasteten Figuren" eingeordnet werden.

Diagramm 104
Eliskases – Hölzl
(Innsbruck 1931)

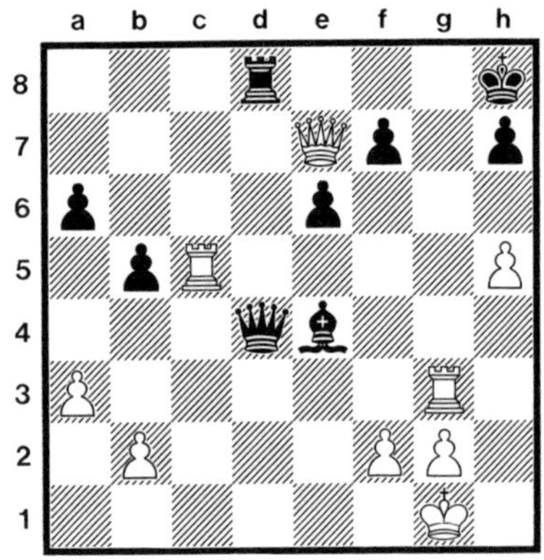

Weiß am Zug

1.Tc5-d5!

Mit einem Streich zerstört Weiß die Verbindungen zwischen den feindlichen Streitkräften. 1. . . .Ld5: schneidet die Dame vom Turm ab und läßt 2.Dd8:‡ zu, 1. . . .Dd5: gestattet 2.Df6‡, 1. . . .Td5: wird mit einem Grundlinienmatt beantwortet. Man kann die Stellung auch lediglich auf die Überlastung von Dame und Turm von Schwarz prüfen und wird dann feststellen, daß auch 1.Te5, das die Linie der Dame nach h8 abschneidet, die ihrerseits an den Td8 gebunden ist, zum Ziel führt.

Diagramm 105
Janowski – Schallopp
(Nürnberg 1896)

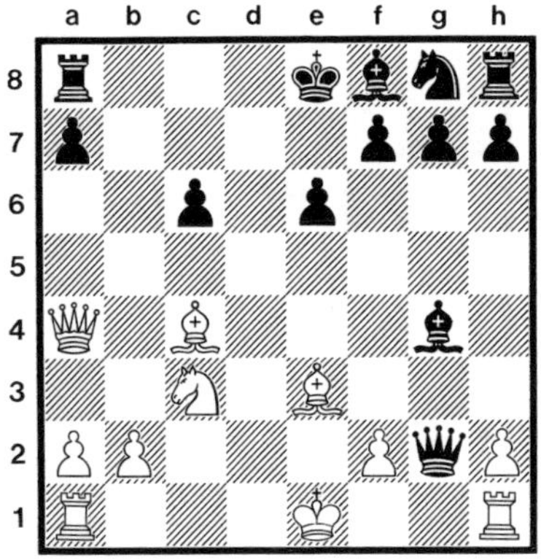

Weiß am Zug

Die Lösung ist hier weniger schlagend, aber ganz typisch.

1.Lc4-d5! **e6xd5**

Nun ist die lange weiße Diagonale geschlossen und die Dame hat den Kontakt mit dem Punkt c6 eingebüßt.

2.Da4xc6† **Ke8-d8**
3.Dc6xa8† **Kd8-d7**
4.Da8-b7† **Kd7-e6**
5.Db7-c6† **Lf8-d6**
6.Le3-f4

Schwarz gab auf. Nimmt er die Türme, wird er mattgesetzt.

Feldverstellung

Hier geht es ähnlich zu wie beim vorangegangenen Kombinationstyp, jedoch wird lediglich ein entscheidendes Feld und nicht eine ganze Linie verstellt (blockiert). Wir benutzen eine Figur oder einen Bauern, um einen Punkt zu besetzen, der für den Verteidiger notwendig ist, und beeinträchtigen seine Beweglichkeit.

Diagramm 106
Nimzowitsch – Hoffer
(Nürnberg 1904)

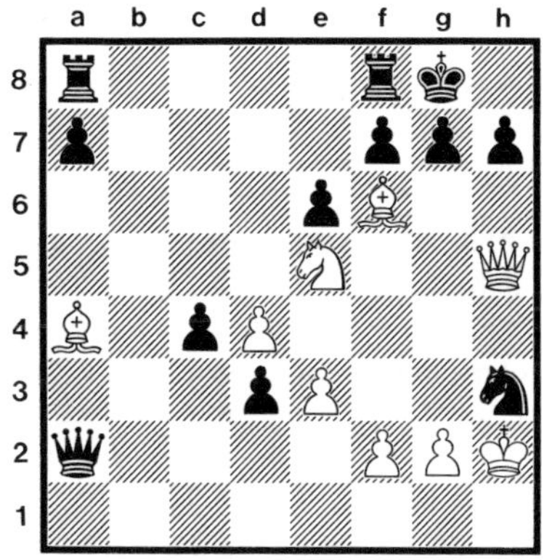

Weiß am Zug

Schwarz ist, im Hinblick auf die weiße Übermacht am Königsflügel, in einer kritischen Lage. Weiß muß jedoch schnell handeln, denn materiell ist Schwarz weit im Vorteil, und seine Dame droht auf f2 zu nehmen und so Schwierigkeiten für den Angreifer zu verursachen.

Vorauszuschicken ist, daß das Damenopfer 1.Dh6 gh 2.Sg4 daran scheitert, daß Schwarz einfach mit einem Räumungszug des Tf8 der Mattdrohung auf h6 ausweicht. Aussichtsreich ist der normale Angriff 1.Dg4 g6 2.Dh3: h5 (Df2:? 3.Sg4) 3.Dg3.

1.La4-e8

Auf den ersten Blick unverständlich.

1. . . . Ta8xe8

Schwarz ahnt nichts Böses, sonst hätte er sich auf 1. . . .gf 2.Sg4 Tfe8: eingelassen (3.Dh6 Df2:!).

2.Dh5-h6

Das war die Pointe. Das Damenopfer geschieht erst, nachdem der Fluchtweg blockiert worden ist.

2. . . . g7xh6?

Schwarz ist durch das Angebot hypnotisiert, sonst hätte er sich mit 2. . . .gf 3.Sg4 Df2:! 4.Sf6:† Df6: 5.Df6: Tc8 6.Kh3: Tfd8 aussichtsreich verteidigt.

3.Se5-g4

Jetzt gibt es auf diesen stillen Zug keine Verteidigung mehr. Matt ist undeckbar, denn der Te8 verhindert die Räumung des Punktes f8, der Bh6 die Räumung des Punktes h7. Genaugenommen war jedoch diese Kombination nicht die beste Lösung des Stellungsproblems, sondern ein „Bluff“.

(Diagramm 107 rechte Spalte)

Schwarz hoffte, die Bedrohung seines Königsflügels nach 1.e5 oder 1.Se2 mit 1. . . .f7-f5 auflösen zu können, womit er Damentausch anbieten wollte. Weiß hat einen viel stärkeren Zug.

1.Tf1-f6! Kh8-g8

Schwarz ist nach der Blockade seines hinderlichen f-Bauern hilflos. Gegen 2.e4-e5 ist nichts zu erfinden.

2.e4-e5 h7-h6

Diagramm 107
Fischer – Benkö
(New York 1963)

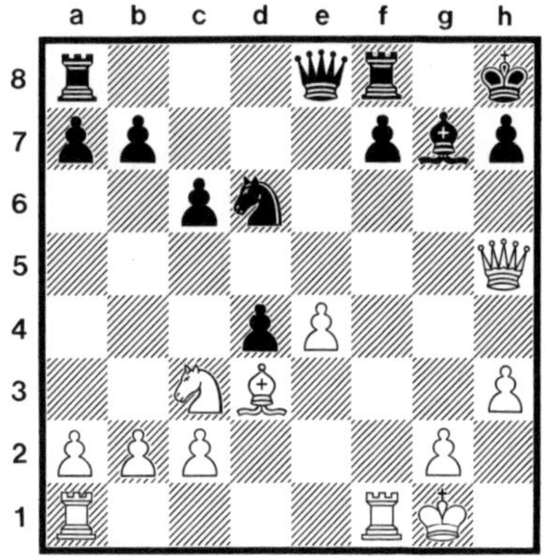

Weiß am Zug

Diagramm 108
A.O. Herbstman

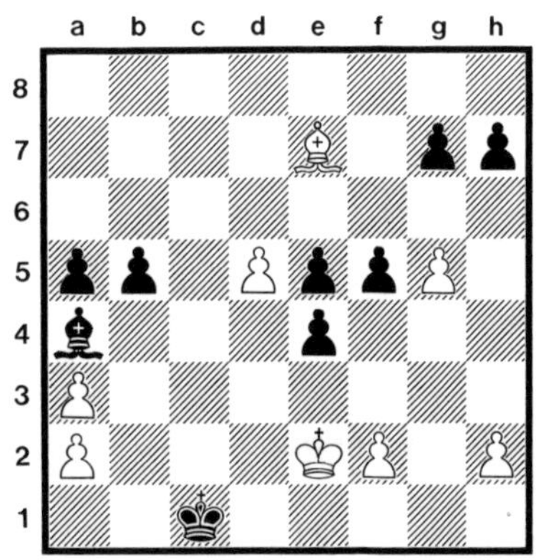

Weiß am Zug

3.Sc3-e2

Schwarz gab auf. Nimmt er auf f6, führt 4.Dh6:, zieht der Sd6, 4.Df5 zum Matt.

(Siehe Diagramm 108 Seite 58)

Die Lösung dieser Studie fußt auf einer vielfältigen Blockade, die dem Läufer die Zugstraßen nach d7 abschneidet. Weiß möchte seinen Freibauern in eine Dame verwandeln, während Schwarz darauf baut, dies durch b5-b4 oder La4-d1†-h5-e8 verhindern zu können. Dieser Absicht schiebt Weiß buchstäblich einen Riegel vor.

1.g5-g6 **h7xg6**
2.Le7-b4 **La4-d1†**

2. . . .ab 3, d6 würde auch die zweite Diagonale blockieren.

3.Ke2-e1 **Ld1-g4**

Wenn sofort 3. . . .f4, so 4.h3. Schwarz hofft jetzt, sein Ziel mit 4. . . .f4 zu erreichen.

4.Lb4-d2† **Kc1-c2**
5.Ld2-f4!

Nun ist der f-Bauer blockiert und Weiß wird das Endspiel nach 5. . . .ef 6.d6 gewinnen, denn der Läufer und die Bauernmenge des Schwarzen sind der Dame auf die Dauer nicht ebenbürtig.

Die Fesselung

Ist eine Figur oder ein Bauer gefesselt, wird deren Wirkungskraft aufgehoben. Der Stein ist in seiner Beweglichkeit behindert. Sobald er zieht, ist die Figur, die er geschützt hat, verloren. Ist die geschützte Figur der König, sprechen wir von einer echten Fesselung, ist sie ein weniger wertvoller Stein (aber normalerweise Dame oder Turm) von einer unechten Fesselung. Diese Unterscheidung im Gedächtnis zu behalten ist nützlich, denn im ersteren Fall ist die gefesselte Figur vollständig gelähmt, solange der Fesselungsstein sich auf dem Brett befindet, im letzteren Fall ist es möglich trotz der Fesselung zu ziehen, entweder auf Kosten der wertvolleren Einheit, oder mit Schachgebot oder einem anderen Drohzug (Zwischenzug).

Diagramm 109
Tal – Bilek
(Miskolc 1963)

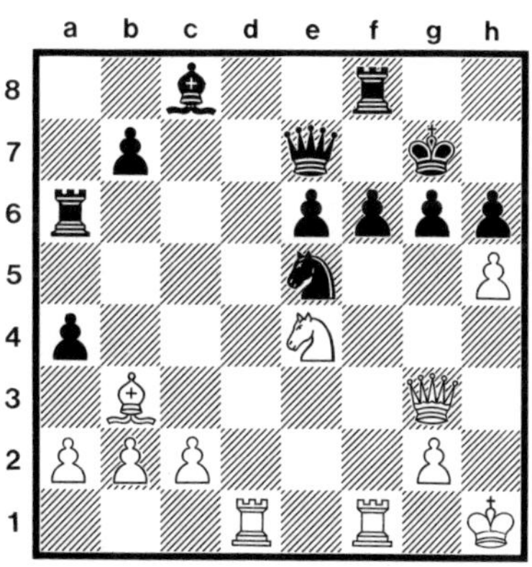

Weiß am Zug

1.Tf1xf6 **Tf8xf6**
2.Dg3xe5

Die erste Stufe der Kombination. Der Turm ist vollständig gefesselt und die Drohung Td1-f1 stellt sich ein. Wie kann Schwarz sich aus der Fesselung befreien?

2.... a4xb3

3.a2xb3 b7-b6

Schwarz möchte die lästige Dame loswerden, indem er 4. . . .Ta5 5.Dd4 Td5 folgen läßt. Der andere Versuch 2. . . .Kf7 verliert wegen 4.Sf6: Df6: 5.Dc7† nebst 6.Dc8:.

4.b3-b4

Weiß ist wachsam und schaltet den rettenden Turmzug aus, wonach Schwarz gegen die Drohung 5.Tf1 machtlos ist. Er gab die Partie auf.

Im nächsten Beispiel opfert Weiß die Qualität, um einen Turm in eine Zwangsjacke zu stecken. Das führt zum vollständigen Zusammenbruch von Schwarz.

Diagramm 110
Gipslis – Sawon
(Baku 1961)

Weiß am Zug

1.Te1xe6 Te8xe6

2.Sc3xd5 h7-h6

Der Sf6 ist überlastet: er kann nicht gleichzeitig das Matt auf h7 und seinen Kollegen auf d5 verteidigen. Das Matt hat Vorrang, und so wird die Fesselungsaktion des weißen Läufers mörderisch.

3.Sd5xf6† Kg8-h8

3. . . .Tf6: 4.Se6: Te6: 5.Df5:.

4.Dh3xf5 Te6-e1†

5.Td1xe1 Dc8xf5

6.Sg5-f7†

Schwarz gab auf.

6. . . .Tf7: 7.Te8† nebst matt.

Diagramm 111
Barcza – Bilek
(Budapest 1961)

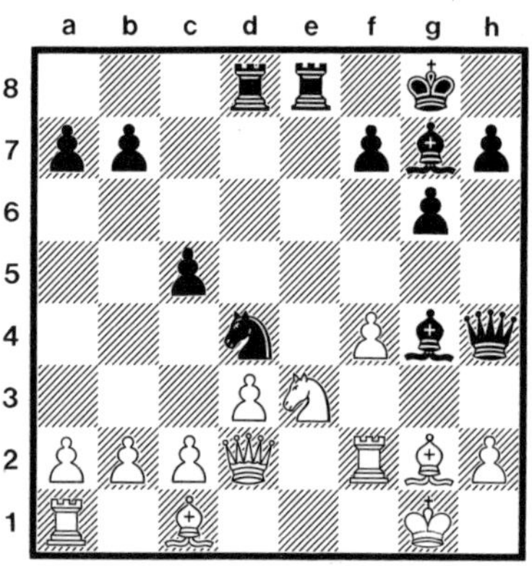

Schwarz am Zug

Ein typisches Beispiel. Ein Opfer bringt die weiße Dame in eine Lage, in der sie ungünstig, nämlich auf der gleichen Schrägen wie der eigene König, steht.

1. . . . **Te8xe3**
2.Dd2xe3 **Sd4xc2**
3.Tf2xc2 **Lg7-d4**
und Weiß streckte bald die Waffen.

Diagramm 112
Dahl – Schulz
(Berlin 1956)

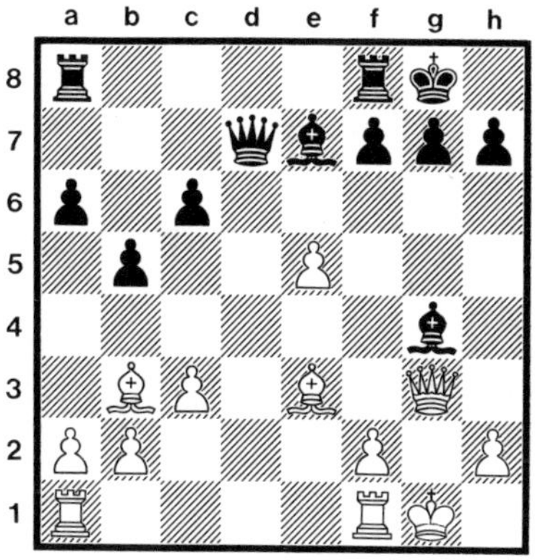

Weiß am Zug

Weiß beginnt mit einem Zug, der sich zum Teil in das Thema der „gestörten Verbindung“ einreihen läßt.
1.e5-e6! **Lg4xe6**
2.Le3-d4 **f7-f6**
3.Dg3-g4!
Schwarz gab auf.
3. . . .Kf7 4.Tfe1.
Dies war ein Fall einer Kreuzfesselung, die auf dem kritischen Punkt e6 zusammentraf.
Schließlich zwei Beispiele, die zeigen, wie eine Fesselung manchmal erfolgreich durchbrochen werden kann, indem eine noch schwerere Drohung aufgestellt wird.

Diagramm 113
Marić – Gligorić
(Belgrad 1962)

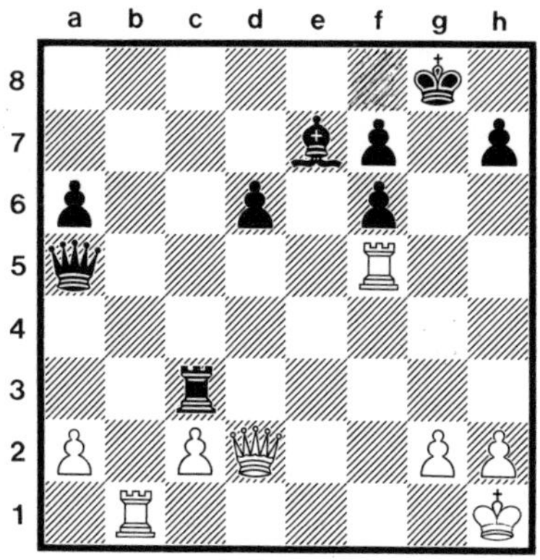

Schwarz am Zug

1. . . . **Tc3-b3!**
erzwang die sofortige Aufgabe im Hinblick auf den unvermeidlichen schweren Materialverlust – alle weißen Figuren sind angegriffen und ungedeckt („en prise“), und das Grundlinienmatt wiegt am schwersten.
(Siehe Diagramm 114 Seite 62)
Die Fesselung des Sc3 ist sehr unangenehm. Schwarz droht 1. . . .d4 2.Ld4: Sd4: 3.Dd4: Lc3: 4.Dd7: Da3 nebst matt. Weiß kam jedoch zuerst, indem er sich die beschränkte Bewegungsfreiheit des schwarzen Königs zunutze machte.
1.Lg2xd5! **c6xd5**
2.Sc3xd5 **Da5-c5**
2. . . .Ld2: 3.Se7 matt. Nun folgt ein prosaisches Ende:

Diagramm 114
Fuderer – Trifunović
(Belgrad 1952)

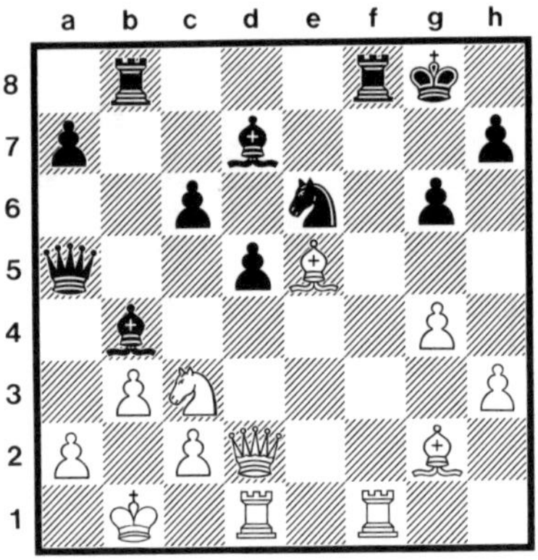

Weiß am Zug

3.Tf1xf8†	**Tb8xf8**
4.Dd2xb4	

und Schwarz gab bald auf.

Bauernumwandlung

Solche Kombinationen zielen im allgemeinen auf die Umwandlung eines Bauern in eine Dame hin, weil es dabei zu einem plötzlichen und kräftigen materiellen Zuwachs kommt. Ein derartiges Motiv tritt im allgemeinen im Endspiel auf, wo es weniger Barrieren für die Bauern gibt, nicht so sehr im Mittelspiel. Ein vorgerückter Bauer im feindlichen Lager bringt mitunter überraschende Schlußwendungen hervor. Das folgende Beispiel stammt aus einer Schaupartie des Berliner Großmeisters Richard Teichmann (1868 – 1925), der die weißen Steine führte.

Diagramm 115

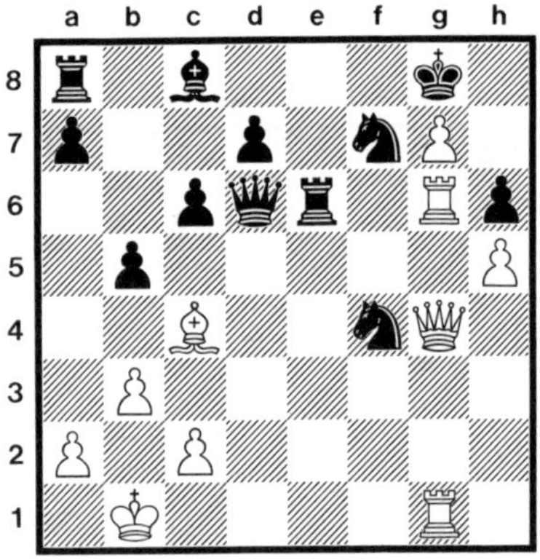

Weiß am Zug

1.Tg6xh6

Der Beginn des Kampfes gegen die Blockadefigur. Falls 1. . . .Th6:, so 2.Lf7:† mit Umwandlung des Bauern.

1. . . .	**Sf7xh6**
2.Dg4-g5	**Sh6-f7**
3.Dg5-d8†!	**Sf7xd8**
4.h5-h6	

und gegen 5.h7† gibt es keine Abwehr.

(Siehe Diagramm 116 rechte Seite)

Weiß war damit einverstanden, zwei Figuren preiszugeben, um einen Bauern zu verwandeln.

1.Dd5xb7!	**Da3xb3**
2.Db7-c8†	**Kg8-g7**
3.b6-b7	**Db3-d1†**

Diagramm 116
Tal – Jurawlev
(Charkov 1967)

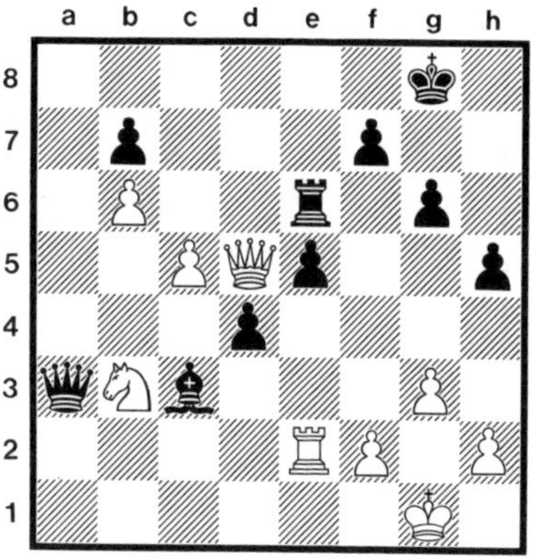

Weiß am Zug

Diagramm 117
A. Konstantinopolski

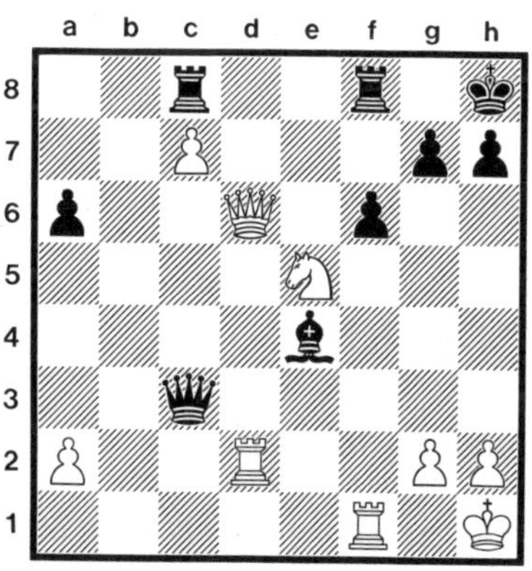

Weiß am Zug

4.Kg1-g2 **Dd1xe2**
5.b7-b8D **Kg7-f6**
6.Dc8-h8† **Kf6-f5**
7.Db8-g8 **Te6-f6**
8.Dg8-g7

Schwarz gab auf.
(Diagramm 117 linke Spalte)

Wir legen hier ein weiteres Lehrbeispiel vor, das der russische Meister verfaßt hat.

Der weit vorgerückte c-Bauer, die offene d-Linie und der zentralisierte Springer bilden das Motiv für die Suche nach einer Kombination.

1.Se5-f7†! **Tf8xf7**

1. . . .Kg8 2.De6! Dc7: (Dd2:? 3.Sh6† mit ersticktem Matt) 3.Sd6† und gewinnt.

2.Dd6-d8† **Tf7-f8**
3.Dd8xc8 **Le4xg2†**

Die beste Chance von Schwarz, Weiß braucht jedoch das Opfer nicht gleich anzunehmen.

4.Kh1-g1! **Dc3-e3†**
5.Tf1-f2 **De3-e1†**
6.Kg1xg2 **De1-e4†**
7.Tf2-f3 **De4-g6†**
8.Kg2-f2 **Tf8xc8**
9.Td2-d8† **Dg6-e8**
10.Td8xe8† **Tc8xe8**
11.Tf3-d3

und 12.Td8 mit Gewinn. Sehr lehrreich!

Tempogewinn

Bei dieser Kombinationsart opfert der Angreifer Material, um Zeit für die Umgruppierung seiner Streitkräfte zu gewinnen.

Diagramm 118
Smyslov – Fuller
(Hastings 1968-69)

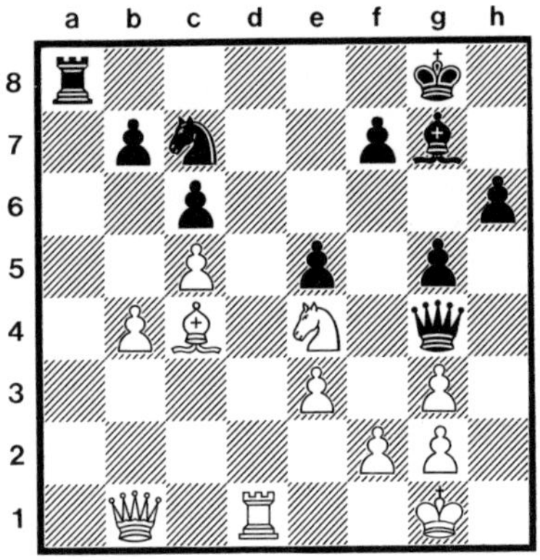

Weiß am Zug

1.Se4-f6†	**Lg7xf6**
2.Db1-g6†	**Lf6-g7**
3.Dg6xf7†	**Kg8-h8**
4.Td1-d7	

Schwarz gab auf.
Die Gewinnstellung mit den schweren Figuren auf der 7. Reihe erlangte Weiß, indem er mit seiner Dame über den schwachen Punkt f7 eindrang.

Zwischenzüge

Manchmal werden wir von einer kombinatorischen Idee so fasziniert, daß wir die Bedeutung von Zwischenzügen vergessen oder unterschätzen. Hier ist ein typisches Beispiel.

Diagramm 119
Rossetto – Sherwin
(Portoroz 1958)

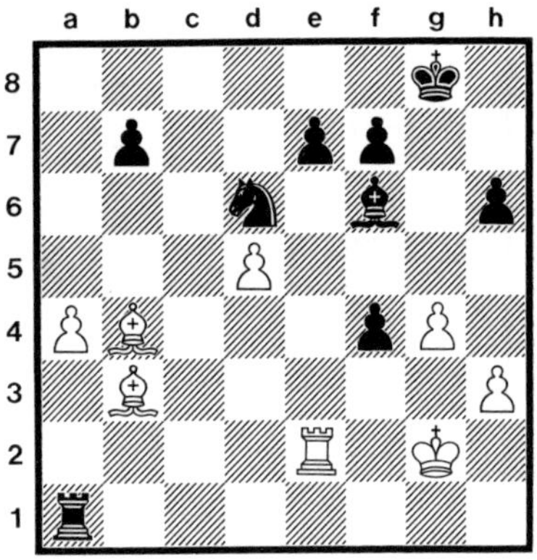

Schwarz am Zug

1. . . .	**Ta1-b1**
2.Lb4xd6	

Bei diesem Schlagfall rechnet Weiß zuversichtlich mit dem „automatischen" Zurückschlagen, wobei er den Läufer gerettet und ein leichtes Remis gesichert hätte, aber . . .

2. . . .	**f4-f3†!**

und Weiß gab auf, denn ein Läufer wird nach 3.Kf3: mit Schachgebot geschlagen und erst danach folgt das beim zweiten Zug erwartete Zurückschlagen.

Desperado-Opfer

Bei diesen Kombinationen gibt eine Figur, die zum Tode verurteilt ist, ihr Leben auf eine Weise, die äußerst

Diagramm 120
Keres – Mikenas
(Tiflis 1947)

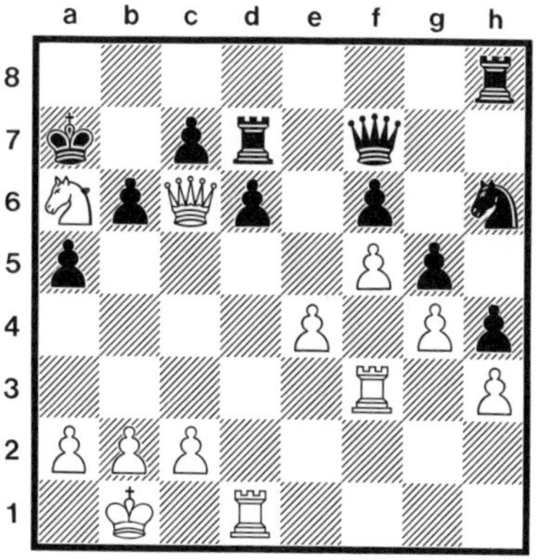

Weiß am Zug

großen Schaden beim Gegner verursacht.
Der Springer am Rand wird fallen, aber
1.Sa6-c5
veranlaßt den Gegner zur Aufgabe. Wenn 1. . . .bc, so 2.Ta3.

Pattkombinationen

Im praktischen Spiel kommen Pattwendungen gelegentlich vor, wenn auch nicht so häufig wie die anderen schon besprochenen Kombinationen. Es geht im allgemeinen um die Rettung einer schwierigen Stellung. Eine Spur, die andeutet, daß Sie nach einem solchen Ausweg suchen sollten, ist der eigene unbewegliche König und die Möglichkeit, das übrige, vorhandene Material wegzugeben. Die Kombination ist schwerer zu finden, wenn der König noch Fluchtfelder hat, jedoch diese Felder infolge der Materialpreisgabe unter feindliche Kontrolle geraten.

Diagramm 121
Lazdin – Zemitis
(Riga 1936)

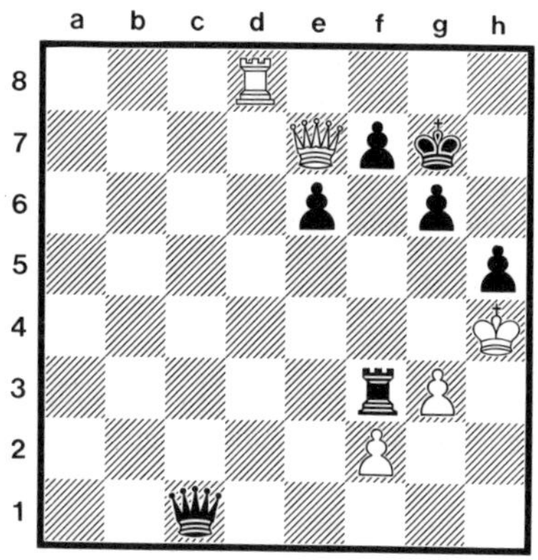

Weiß am Zug

1.De7-f8†	**Kg7-f6**
2.Df8-h8†	**Kf6-f5**
3.g3-g4†	**h5xg4**
4.Td8-d5†	**e6xd5**
5.Dh8-c8†!	**Dc1xc8** Patt.

(Siehe Diagramm 122 Seite 66)
Weiß, einen Turm schwächer, fand einen unerwarteten Weg, die Stellung zu retten.

1.Tf6-h6!	**Th5xh6**
2.h7-h8D†	**Th6xh8**
3.b4-b5	

Diagramm 122
Marshall – MacClure
(New York 1923)

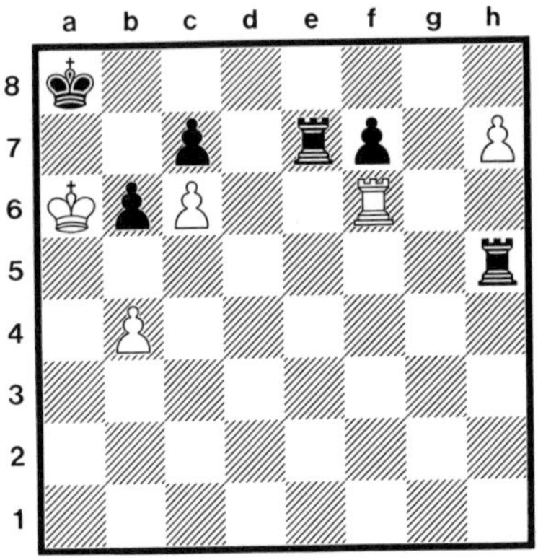

Weiß am Zug

Weiß hat seinen König eingeschlossen, und obwohl Schwarz am Zug ist, kann er die Pattstellung nicht gut aufheben, ohne die Partie zu verlieren (3. . . .Td7 4.cd c5 5.bc e.p. Kb8 6.Kb6:).

Fallen

Das sind Kombinationen, die im Grunde ungesund sind, aber etwas Verführerisches für den Gegner enthalten. Der Spieler rechnet damit, daß der andere den wahren Sachverhalt nicht erkennen wird. Normalerweise wird man sich nur auf eine Falle einlassen, wenn es keinen anderen vernünftigen Partiefortgang gibt.

Diagramm 123
Bannik – Ivkov
(Match UdSSR – Jugoslawien 1963)

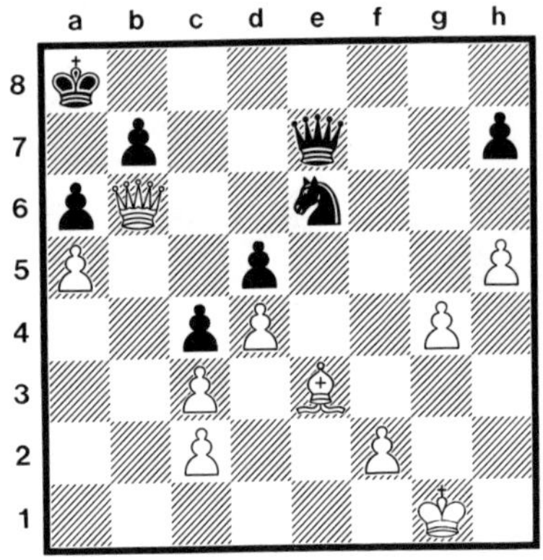

Schwarz am Zug

Schwarz machte hier den „unschuldigen" Zug

1. . . . **h7-h6,**

auf den Weiß 2.Kf1 antworten sollte. Jedoch in beiderseitiger Zeitnot sah Weiß keinen Fehler darin, einen weiteren Bauern einzustecken. Es folgte

2.Le3xh6? **Se6-f4!**
3.Lh6xf4 **De7-e1†**
4.Kg1-g2 **De1-h1†**

Die Dame schlägt in dem Bewußtsein, in dieser Lage überflüssig zu sein, wild um sich.

5.Kg2-g3 **Dh1-h3†**
6.Kg3xh3 Patt.

Das war offensichtlich eine Falle, denn Weiß war überhaupt nicht genötigt, den Köder zu „fressen". Nun ein Beispiel, wo Tschigorin eine Falle stellte, die sein Gegner nicht richtig durchschaute.

Diagramm 124
Tschigorin – Marco
(Wien 1898)

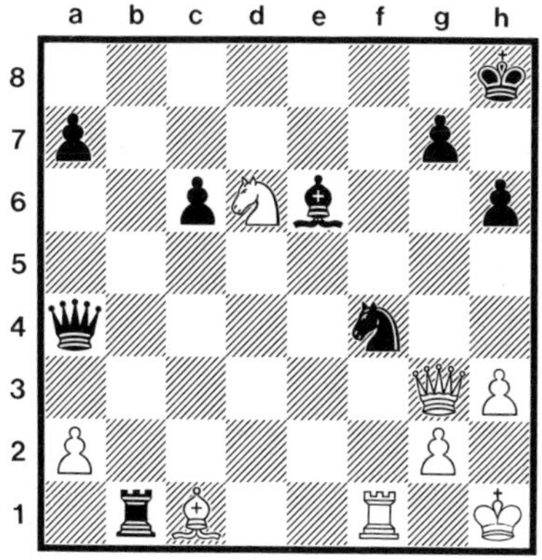

Weiß am Zug

Die Drohung lautet 1....Tc1:, gefolgt von 2....Se2, Sc1: und Da2:. Weiß spielte

1.Kh1-h2 **Tb1xc1**
2.Tf1xc1 **Sf4-e2**

und wurde schockiert von der Antwort

3.Dg3-e5! **Se2xc1:**
4.Sd6-e8

Weiß mußte aufgeben, weil es gegen die Mattdrohung keine Abhilfe gibt. Tschigorins erster Zug war notwendig, denn mit dem weißen König auf h1 könnte sich Schwarz mit 4.... Dd1† und 5....Dd7 verteidigen. Schwarz sollte allerdings nach 3.De5 die Drohung gegen g7 erkannt und den Versuch einer Remisrettung gemacht haben (zum Beispiel 3....Ld5 4.De2:? Df4† nebst Dc1:).
Man sollte sich durch das Fallenstellen aber nicht zu sehr ablenken lassen. Fallen sind nur zu empfehlen, wenn sie keine Verschlechterung der eigenen Stellung verursachen, falls der Gegner sie durchschauen sollte. Verursachen sie eine Minderung der Chancen, wenn der Gegner sich korrekt verhält, sind sie aus praktischen Gründen nicht zu empfehlen.

Praktische Übungen

Diagramm 125
H. Rinck

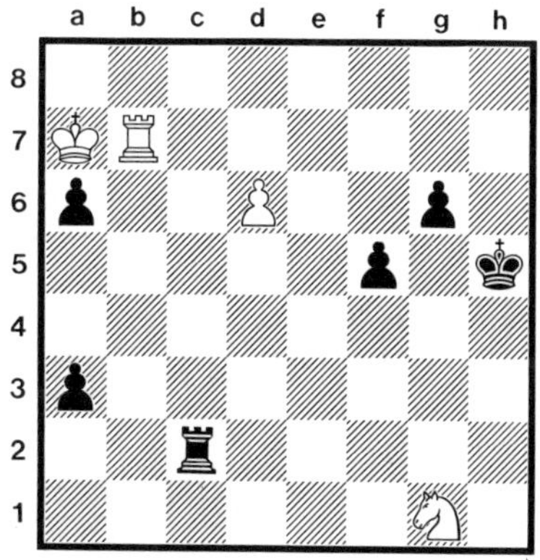

Weiß am Zug

Diagramm 126
Darf Schwarz 1. . . .Tb8-b2 spielen?

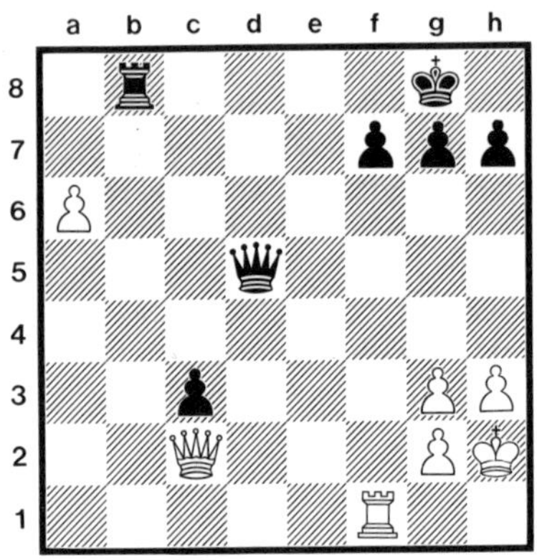

Schwarz am Zug

Diagram 127
Schugajev – Sebastianov
(Moskau 1960)

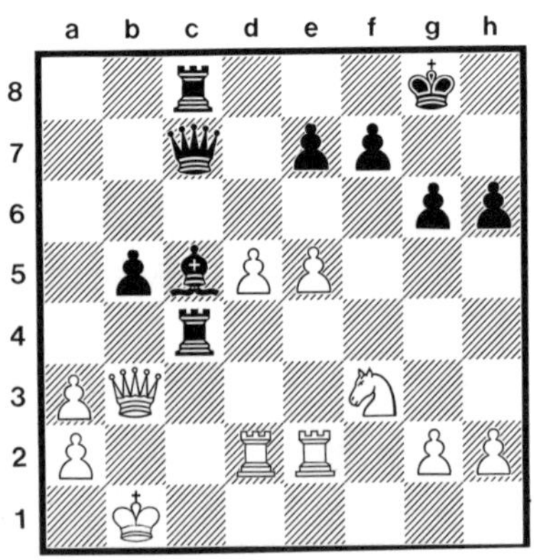

Schwarz am Zug

Diagramm 128
Zinn – Minev
(Halle 1967)

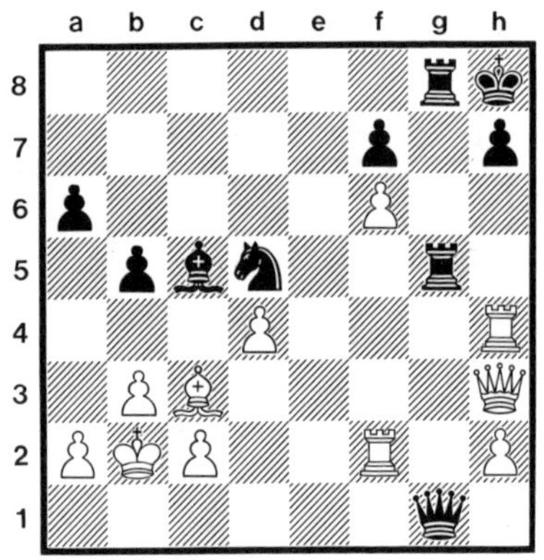

Schwarz am Zug

Diagramm 129
Tolusch – Bakulin
(UdSSR 1960)

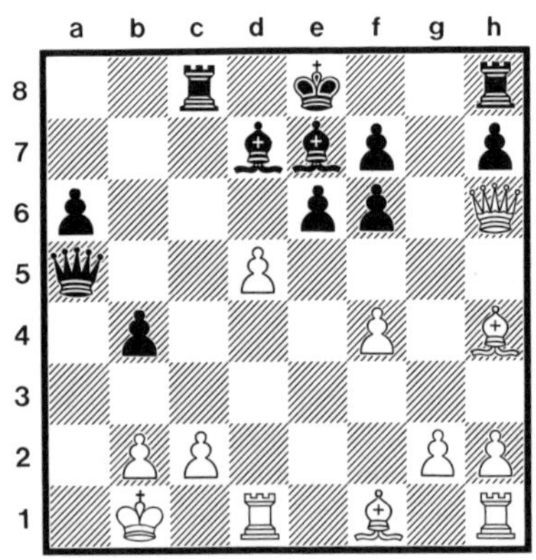

Schwarz am Zug

Diagramm 130
Weitmann – Hoxha
(1954)

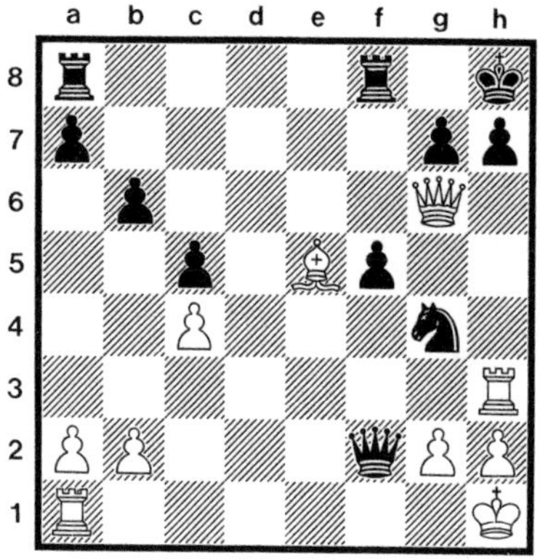

Schwarz am Zug

Diagramm 131
Tschigorin – Beratende
(Moskau 1901)

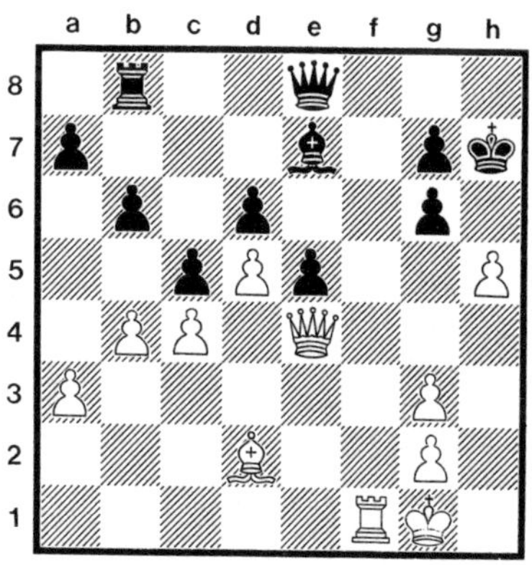

Weiß am Zug

Diagramm 132
Todorcevič – Jean
(Frankreich 1969)

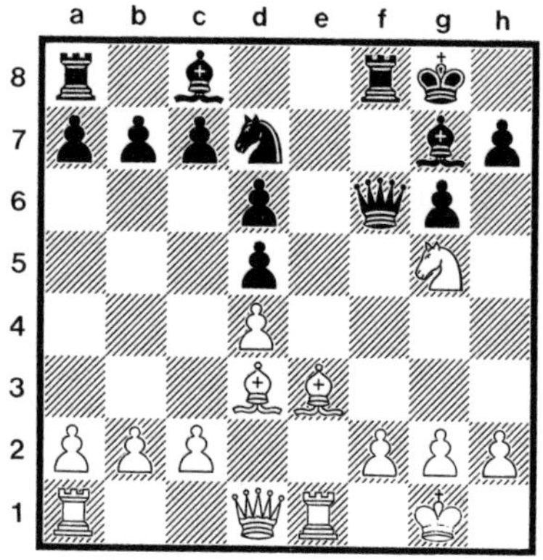

Weiß am Zug

Diagramm 133
Muchnik – Estrin
(Moskau 1961)

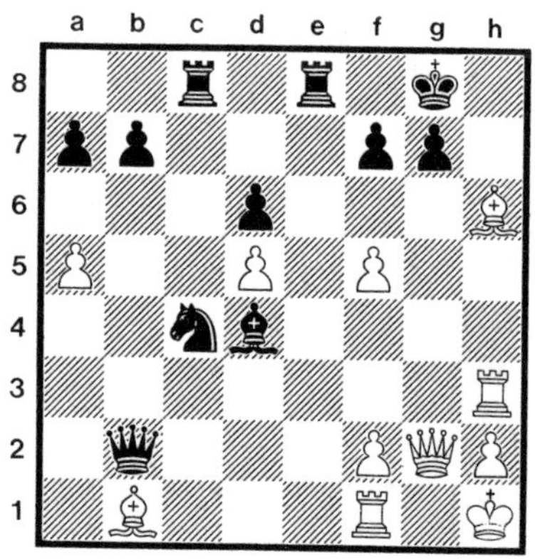

Weiß am Zug

Schöpferische Opfer

In den vorangegangenen Kapiteln haben wir Kombinationen untersucht, in denen die aktive Seite das geopferte Material zwangsläufig, oft mit Zinsen zurückerobert oder einen klaren Gewinn durch Mattsetzen erzwungen hat.

Es gibt jedoch auch Opferkombinationen, in denen der Angreifer sich mit etwas weniger begnügen muß – zunächst mit ein wenig Initiative, aber mit der manchmal ganz geringen Aussicht, später mehr zu erhalten. Außerdem sind die Folgen von Opfern manchmal unmöglich durch Analyse herauszuarbeiten. Es ist sogar möglich, daß der Verteidiger nach der Annahme des Opfers über viele defensive Ausfluchtsmittel und eine große Auswahl an Zügen verfügt. Das ist offenbar ein anderer Sachverhalt als bei den früher untersuchten Beispielen, wo nach dem Einleitungsopfer die Auswahl an Verteidigungszügen sehr gering war.

Solche Opfer, die sich auf die Intuition (oder das Gefühl) stützen, daß die Initiative, die der Angreifer erhält, manchen Nutzen bringen werde, auch wenn die Folgen weit davon entfernt sind, klar zu sein, nennt man „schöpferisch" oder „intuitiv". Dieser Opfertypus bringt immer Wagnisse mit sich, denn die Folgen können nur mit einem gewissen Grad an Wahrscheinlichkeit eingeschätzt werden, auf keinen Fall mit Genauigkeit. Um sich auf solche Opfer einzulassen, muß ein Spieler kühn und in der Lage sein, der Gefahr entgegenzusehen. Der springende Punkt ist, daß der Gegner, sobald die Initiative sich verlaufen oder kein greifbares Ergebnis gebracht hat, seinen materiellen Vorteil fühlbar machen wird.

Bei schöpferischen Opfern müssen wir die Werte vollständig neu einschätzen, und die normale Skala, an der man das materielle Gleichgewicht mißt, bietet lediglich eine ungefähre Richtschnur, an die man sich hinsichtlich der tatsächlichen Größe des geopferten Materials halten kann.

Jeder hervorragende Spieler hat solche Opfer gebracht, sie sind jedoch nicht typisch für den Stil vieler dieser Meister. Nach meinem Gefühl kann man zwei Spieler als die entschiedensten Befürworter und Verfechter dieser Stilrichtung ansehen, Spielmann und unter den modernen Spielern Tal.

Spielmann schied in seinem berühmten Buch über Opfer („Richtig opfern!") diese Kombinationen in zwei Gruppen – unechte und echte Opfer. Er führte aus: „Der Unterschied zwischen den beiden liegt in der Tatsache, daß das Material bei den Scheinopfern für einen bestimmten Zeitraum aufgegeben wird, bei den wirklichen Opfern für unbestimmte Zeit. Scheinopfer bedeuten kein Risiko, denn zu dem Zeitpunkt, da sie angeboten werden, können die Folgen fein säuberlich ausgearbeitet werden. Daher handelt es sich nicht um Opfer im eigentlichen Sinne des Wortes, sondern lediglich um nützliche Hilfsmittel in der gegebenen Stellung".

Obgleich der österreichische Großmeister fortfuhr anzumerken, daß er die Bedeutung des Scheinopfers nicht zu unterschätzen beabsichtige und seine Unterscheidung zwischen den beiden eine subjektive sei, haben seine Ansichten in der Schachliteratur keinen Niederschlag gefunden. Der Grund ist klar. Es gibt eine große Abneigung dagegen, alle jene zwingenden Kombinationen, die uns wegen ihres Glanzes und Ideenreichtums ein ästhetisches Vergnügen bereiten, lediglich als zuverlässige und nützliche „Werkzeuge" abzutun.

Die Theorie des intuitiven Opfers ist bisher nicht voll erforscht worden. Dieses kurze Kapitel kann nicht beanspruchen, diese Lücke zu füllen. Mein Ziel besteht lediglich darin zu versuchen, dem Leser zu einer klaren Idee vom schöpferischen Opfer zu verhelfen.

Einige Kombinationen Tals

Ich betrachte es als angemessen, ein Kapitel wie dieses um die Partien Tals aufzubauen. Die allgemeine Anerkennung, die er wegen seiner Meisterschaft auf diesem Gebiet gewonnen hat, berechtigt dazu.

Diagramm 134
Tal – Pasman

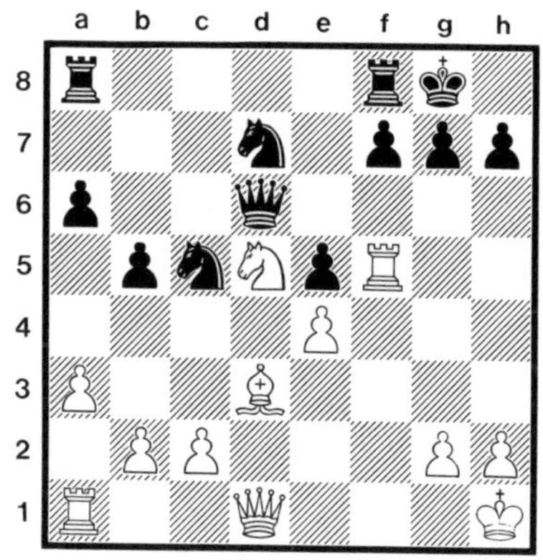

Weiß am Zug

19.Dd1-g4

Der Beginn einer sehr langen Kombination, die das Opfer von zwei Figuren einschließt. Achten Sie bitte darauf, daß Weiß mit der offenen f-Linie die aktivere Stellung aufweist und sein Springer auf d5 wirksamer steht als sein Gegenspieler auf d7. Weiß verfügt auch ganz allgemein am Königsflügel über Angriffschancen, weil seine schweren Figuren bald dorthin zielen werden. Wir erwähnen diese allgemeine Einschätzung, um die Tatsache zu unterstreichen, daß schöpferische Opfer nicht aus dem Nichts kommen – auch hier muß es eine stellungsmäßige Rechtfertigung für das Vorgehen geben.

19....	**g7-g6**
20.Ta1-f1	**f7-f6**
21.h2-h4!	**Kg8-h8**
22.Tf5-f3	**f6-f5**
23.e4xf5!?	

Als er sich auf dieses Opfer einließ, war Tal selbst von seiner Korrektheit nicht überzeugt. Er mußte die Tatsache berücksichtigen, daß die Folgen nicht vorhersehbar und der materielle Vorteil des Schwarzen sehr ernsthaft abzuwägen war. Weiß ging jedoch kühn vor und hoffte dabei, daß seine Initiative andauern und gefährlich sein würde. (Anm. d. Übers.: Wegen der drohenden Bauerngabel auf e4 ist allerdings eine plausible andere Fortsetzung nicht ersichtlich.)

23....	**Dd6xd5**
24.f5xg6	**Tf8xf3**
25.g6-g7†	**Kh8-g8**
26.Ld3xh7†!	

Die Hauptsache ist, den Weg für den freien g-Bauern zu räumen – siehe den Abschnitt über die Bauernumwandlung.

26....	**Kg8xh7**
27.Tf1xf3	**Sc5-e4!**

Er bringt seine Streitkräfte heran, um den weißen h-Bauern zu stoppen.

28.h4-h5	**Sd7-f6**
29.Dg4-g6†	**Kh7-g8**
30.h5-h6	

Auf diese Stellung hatte es Tal abgesehen, als er seinen 23. Zug machte.

Diagramm 135

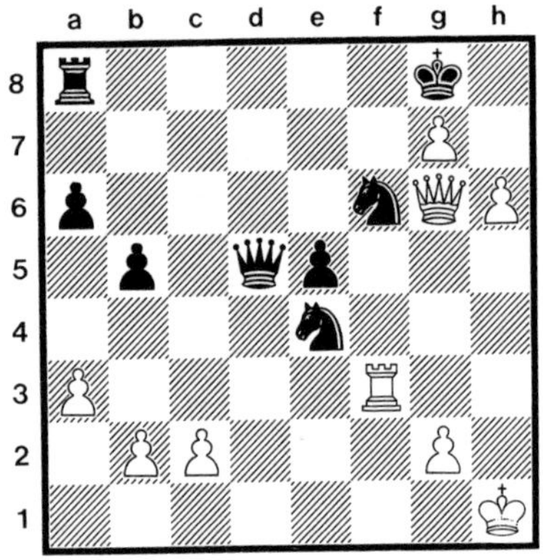

Natürlich glaubte Weiß, daß die weit vorgerückten Freibauern, die von Dame und Turm unterstützt wurden, den Schwarzen zumindest vor sehr schwierige Probleme stellen würden. Wie wir aus weiteren Beispielen erkennen werden, stellt er sicher, wenn er solche intuitiven Opfer bringt, daß er einige positionelle Trümpfe in der Hand hat, obwohl er sich selten durch große Materialverluste abschrecken läßt.

30....	**Ta8-a7**

Ein Fehler, der aber kaum ernsthaft kritisiert werden kann. Schwarz hat einen logischen Verteidigungsplan ausgearbeitet – den Turm nach e7 zu bringen und damit De8† auszuschalten, wonach er den h-Bauern mit Sh7 eisern blockieren kann. Der Zug schwächt jedoch die Grundreihe, und das nützt Tal sofort aus.

Der Skeptiker mag sagen: „Tal hatte Glück, es hat sich zufällig eine günstige Möglichkeit für ihn ergeben." Gleichwohl ist auch in solchen „glücklichen Ereignissen" eine gewisse Logik. Zunächst einmal ist es leichter, anzugreifen als zu verteidigen. Ferner bringen unerwartete Opfer vollständig neue Bilder in die Stellung, und es ist psychologisch schwierig, sich den neuen Verteidigungsproblemen sofort anzupassen. Schließlich ereignet es sich oft, daß auch nach Abwehr der Drohungen auf einer Seite des Brettes die Figuren Tals noch immer einige dynamische Kraft behalten haben. Weitere Schwächen mögen hervortreten, die Tal dann auszunützen vermag. Schwarz hätte Remis machen können mit 30. . . .Sh7, zum Beispiel 31.Tf8† Sf8: 32.gf† Kf8: 33.Dg7† Ke8 34.h7 Dd1† 35.Kh2 Dh5† mit ewigem Schach.

31.Kh1-h2!

Dieser stille Zug bereitet eine gut versteckte Kombination vor.

31. . . . Ta7-e7

Schwarz sollte 31. . . . Da8 erwägen.

32.Tf3-h3! Sf6-h7
33.Th3-d3 Dd5-a8
34.Dg6xe4!

Ein frisches Opfer, um die Dame von der Verteidigung der Grundlinie abzulenken. Weiß bringt einen Bauern mit Schachgebot zur Umwandlung und erhält einen Mattangriff.

34. . . . Da8xe4
35.Td3-d8† Kg8-f7
36.g7-g8D† Kf7-f6
37.Td8-d6† Kf6-f5
38.Dg8-g6† Kf5-f4
39.g2-g3† Kf4-e3
40.Td6-d3† De4xd3
41.Dg6xd3†

Schwarz gab auf (zum Beispiel 41. . . .Kf2 42.Dd2† Kf3 43.Dd6 Ta7 44.Dc5 mit Turmgewinn).

Diagramm 136
Tal – Filip
(Moskau 1967)

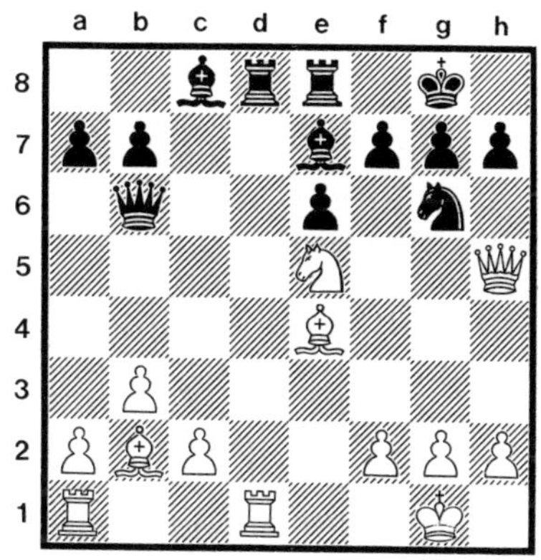

Weiß am Zug

19.Se5xf7! Kg8xf7
20.Dh5xh7 e6-e5
21.Td1xd8 Te8xd8
22.Dh7-h5!

Nach der herkömmlichen Wertskala hat Weiß ungenügende Gegenwerte für den geopferten Springer – nur zwei Bauern. Das Opfer ist jedoch nicht auf Sand gebaut: der schwarze

König steht unsicher, und die Unbeweglichkeit des Springers fesselt Schwarz die Hände. Es ist jedoch kennzeichnend für die schöpferischen Opfer Tals, daß der dynamische Gegenwert nicht automatisch zum Gewinn führt, sondern höchste Anstrengung auf der Suche nach neuen taktischen Schlägen und unerwarteten Möglichkeiten erfordert. Bei all dem ist Schwarz damit belastet, sich unter einer großen Auswahl an Verteidigungszügen zurechtzufinden.

22. . . . Db6-e6

23.h2-h3!

Typisch für die Aufrechterhaltung der Spannung. Weiß schaltet De6-g4 aus, ein Zug, der den Druck abschütteln würde, und verschafft seinem König außerdem ein „Luftloch".

23. . . . Le7-c5

24.Kg1-h1!

Schwarz muß nun mit der Möglichkeit f2-f4 rechnen, mit Öffnung der f-Linie für den bislang untätigen Turm. Offensichtlich würde 24. . . . Lf2: 25.Tf1 den Läufer kosten.

24. . . . Lc5-d4

25.Ta1-d1

Man lasse alle Figuren arbeiten!

25. . . . Td8-d6

26.Lb2-a3 Td6-a6

Schwarz erkannte, daß er sich auf 26. . . .Td8 27.c3 Lb6 28.Td8: Ld8: 29.f4! nicht einlassen durfte, denn der f-Bauer, der entscheidend vorzurücken droht, darf wegen 30.Ld5 nicht geschlagen werden.

27.Td1Xd4

Schwarz gab auf.

27. . . .ed 28.Ld5 Ta3: 29.Df5†! mit entscheidendem Materialgewinn.

Erwähnenswert ist ein kurioses Merkmal intuitiver Opfer. Zuerst opfert der Angreifer Material, um einen gewissen dynamischen Nutzen zu erhalten, und dann versucht er, diese dynamischen Pluspunkte in materiellen Gewinn zurückzuverwandeln.

Von den Elementen, mit denen wir es im Schach zu tun haben – Raum, Material, Zeit und Zusammenspiel –, ist der Zeitfaktor der flüchtigste. Das ist besonders der Fall, wenn die Zeit als Gegenwert bei einem intuitiven Opfer eingesetzt wird. In diesem Zusammenhang erinnere ich mich besonders an eine Partie zwischen Tal und Simagin in einem Internationalen Turnier in Moskau. Die Partie war schon vor einer ganzen Weile zu Ende gegangen, und die Großmeister analysierten sie noch immer.

Simagin stellte ziemlich unwirsch die Frage: „Schwarz sollte diese Stellung sicher nicht verlieren? Ich habe einen Springer mehr." „Oh, aber Ihr Springer ist so weit weg!", war Tals Antwort.

Hier ist die Stellung, die sie analysierten.

(Siehe Diagramm 137 rechte Seite)

Die unerwartete Fortsetzung war

28.Td5-d7 c3-c2

29.Sd4xc2 Sa3xc2

30.c6-c7

Weiß hat nur einen Bauern für seinen Springer! Was mag ihn dazu getrieben haben, sich auf dieses Opfer

Diagramm 137
Tal – Simagin
(Moskau 1963)

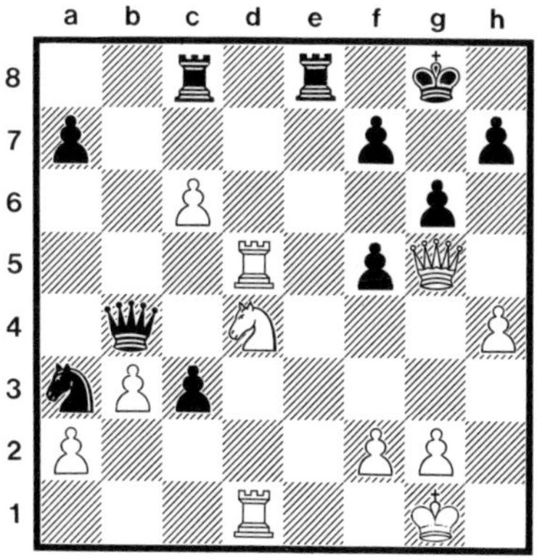

Weiß am Zug

einzulassen? Es war die Chance, die vorübergehende Entfernung des Springers vom Kriegsschauplatz und die Stärke seines eigenen Freibauern ausnützen zu können. Er droht Td7-d8, und es bestehen wirkliche Chancen für eine gemeinsame Aktion am Königsflügel.

30. . . . Te8-e1†

Schwarz folgt automatisch dem Grundsatz, daß die Verteidigung um so leichter ist, je weniger Figuren sich auf dem Brett befinden. Der Textzug schwächt jedoch die Grundreihe. Auf 30. . . .Kg7 beabsichtigte Weiß 31.h5!, während er auf 30. . . . Dc3 mit 31.Df4 antworten und die Drohungen Td8 und h4-h5-h6 aufrechterhalten wollte.

31.Td1xe1 Db4xe1†
32.Kg1-h2 Sc2-d4

Der Springer eilt zurück, aber zu spät!

33.Dg5-f6! Sd4-f3†
34.Kh2-g3

Schwarz gab auf.

Ich zeige schließlich eine ganze Partie, eine echte Tal-Spezialität aus seiner neueren Praxis.

Tal – Silberstein
(UdSSR-Meisterschaft 1972)

1.e2-e4 g7-g6
2.d2-d4 c7-c6
3.c2-c4 d7-d5
4.e4-e5 Lf8-g7
5.Sb1-c3 Sg8-h6
6.h2-h4?!

Ein Zug, der Positionsspieler der klassischen Schule schaudern ließe; wenn man aber die Partien von Steinitz (1836 – 1900), des Vaters des modernen Positionsspiels, studiert, wird man feststellen, daß er fast regelmäßig so auf die Flankenformationen (g7-g6 oder b7-b6) reagierte.

6. . . . Lc8-e6
7.Sg1-h3! d5xc4

Diesmal hat Tal nur einen Bauern geopfert; hinzu kommt aber noch das positionelle Zugeständnis des „Loches" auf d5.

8.Sh3-f4 Le6-d5
9.b2-b3! c4xb3
10.a2xb3 e7-e6
11.Lf1-d3 Sh6-f5?

Ein Fehlgriff. Schwarz hatte eine große Auswahl an Zügen. 11. . . . 0–0 ließe 12.S3d5: cd 13.Sh5! zu, und falls dann 13. . . .gh 14.Dh5: Sf5 15.g4. Wenn Schwarz nicht die Entwicklung mit 11. . . .Sd7 fortsetzen wollte, mußte er so mutig sein und 11. . . .Lg2: 12.Sg2: Dd4: 13.Lb2 De5:† probieren, wobei er vier Bauern für die Figur besäße und kämpfen könnte.

12.Ld3xf5 e6xf5
13.Lc1-a3 Lg7-f8
14.La3xf8 Ke8xf8
15.Dd1-d2 Ld5-e6
16.Ta1-d1 Dd8-e7
17.Th1-h3

Ein wichtiger Punkt bei den schöpferischen Opfern ist, daß man sich wechselnden Lagen flexibel anpassen muß. Die Geste beim 6. Zug ließ h4-h5 wie ein Damoklesschwert über dem Haupt von Schwarz schweben. Aber in der gegenwärtigen Lage besteht die weiße Hauptdrohung darin, im Zentrum mit d4-d5 durchzubrechen, sobald der Th3 auf der e-Linie eingreifen kann.

Diagramm 138

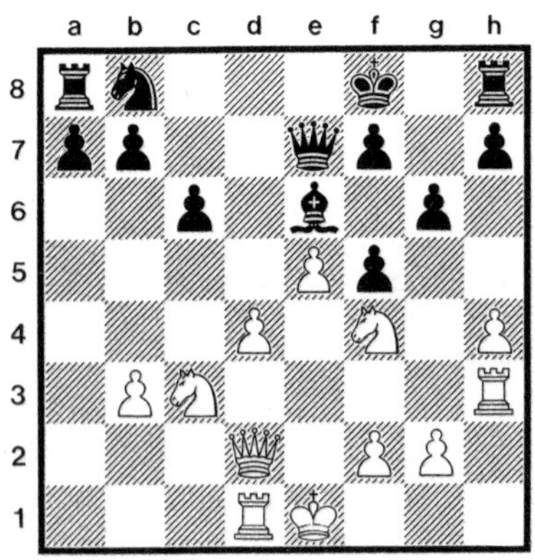

17. . . . Sb8-a6
18.d4-d5! c6xd5
19.Sf4xd5 Le6xd5

19. . . .De7-d7 20.Dd2-h6†, gefolgt von Sf6†.

20.Sc3xd5 De7xe5†
21.Th3-e3 De5-d6

Dem gewaltigen Druck des Weißen auf den Mittellinien hat Schwarz nichts entgegenzusetzen.

22.Dd2-c3 f7-f6
23.Sd5-c7

Schwarz gab auf.

Wenn 23. . . .Dc7:, so 24.Df6:† Kg8 25.Te7.

Nun wünschen wir dem Leser „Gute Fahrt“ auf seiner fortdauernden Reise durch das Wunderland der Kombinationen. Es stimmt zwar, daß das Schachspiel außer Kombinationen noch anderes zu bieten hat. Wie wir früher betont haben, muß die stellungsmäßige Grundlage für eine Kombination vorbereitet werden, manchmal durch Mittel, die wie langatmiges Manövrieren aussehen. Wir glauben jedoch, daß es kein größeres schöpferisches Vergnügen im Schach gibt, als wenn man eigene Kombinationen entwirft oder sie bei anderen bewundert. Dr. Tarrasch muß besonders an diese Phase des Spiels gedacht haben, als er schrieb: „Schach hat, wie die Liebe, wie die Musik, die Eigenschaft, den Menschen glücklich zu machen.“

Es scheint jetzt angebracht zu sein, hier ein Beispiel der taktischen Meisterschaft des Autors zu zitieren, das in der Originalausgabe des Buches nicht enthalten war.

Im Jahre 1960 half er Tal, sich auf

den Weltmeisterschaftskampf mit Botwinnik vorzubereiten. Zu einem Teil dieser Vorbereitung gehörte das Spielen von Trainingspartien, manchmal im Blitztempo (fünf Minuten pro Spieler), manchmal bei normaler Zeitbegrenzung (2 1/2 Stunden für 40 Züge). Hier ist eine solche Partie.

Tal – Koblenz
Caro-Kann-Verteidigung

1.e2-e4	**c7-c6**
2.Sb1-c3	**d7-d5**
3.Sg1-f3	**Lc8-g4**
4.h2-h3	**Lg4xf3**
5.g2xf3?!	

Die Neuerung, die Tal ausprobieren wollte. Im tatsächlichen Wettkampf hielt Botwinnik gemäß seinem Stil die Stellung geschlossen und spielte 5. . . .e6 6.d4 Sd7 7.Lf4 Lb4 und hatte eine gute Partie. Die Trainingspartie gibt eine Idee von den Absichten Tals bei direkterem Spiel.

5. . . .	**e7-e5**
6.f3-f4	**d5xe4**
7.f4xe5	**Dd8-d4**
8.Dd1-e2	**Dd4xe5**
9.d2-d4	

Anstatt sich nur den Bauern zurückzuholen, hofft Tal die Stärke seiner zwei Läufer in offener Stellung auszunützen.

9. . . .	**De5xd4**
10.Sc3xe4	**Lf8-e7**
11.Lc1-f4	**Dd4xb2**

Das ist keine unersättliche Jagd auf Bauern, sondern die Dame entfernt sich aus einer gefährdeten Stellung – 11. . . .Sf6? 12.Sd6† Kf8 13.De7:† Ke7: 14.Sf5† mit Gewinn einer Figur.

12.Ta1-d1	**Sg8-f6**
13.Se4-d6†	**Ke8-f8**
14.De2xe7†	

Ein echt Talsches Damenopfer. Bei der ruhigen Fortsetzung 14.Dc4 Ld6: 15.Ld6:† Kg8 16.Lg2 hätte Weiß wohl ausreichende Gegenwerte für die beiden geopferten Bauern.

14. . . .	**Kf8xe7**
15.Sd6-f5†	**Ke7-e8**

Der einzige Zug; wenn 15. . . .Ke6, so 16.Sg7:† Ke7 17.Ld6† mit Rückgewinn der Dame und einer Figur mehr für Weiß.

16.Sf5xg7†	**Ke8-f8**
17.Lf4-d6†	**Kf8xg7**
18.Th1-g1†	**Sf6-g4**

Wieder der einzige Zug – 18. . . .Kh6 19.Lf4† Kh5 20.Le2† und Schwarz kann das Matt nur mit 20. . . .Sg4 vermeiden (20. . . .Kh4? 21.Lg5† Kh3: 22.Kf1! De5 23.Th1† Dh2 24.Td3 matt). Das Endspiel, in das er sich nach 21.Tg4: Db4† 22.Kf1 Df4: 23.Tf4:† Kg5 24.Tf7: rettet, ist für Schwarz unhaltbar.

19.Tg1xg4†	**Kg7-f6**
20.Tg4-f4†	**Kf6-g7**
21.Tf4-g4†	

Remis durch ewiges Schach.

Abschlußübung

Diagramme siehe Seiten 78/79

Diagramm 139
Kislov – Wiktorov
(Woronesch 1971)

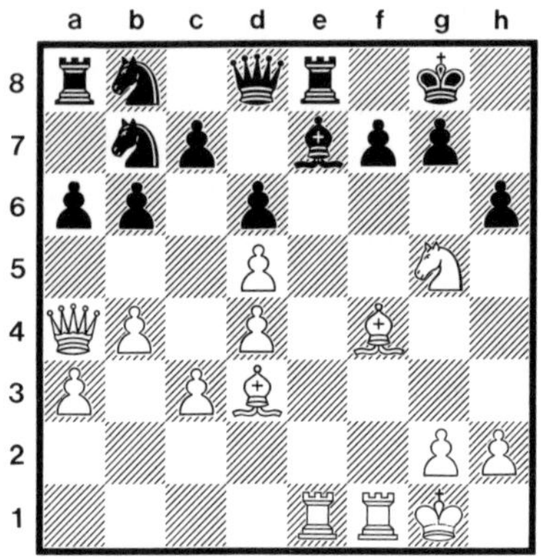

Weiß am Zug

Diagramm 140
Grigorov – Spassov
(Bulgarische Meisterschaft 1975)

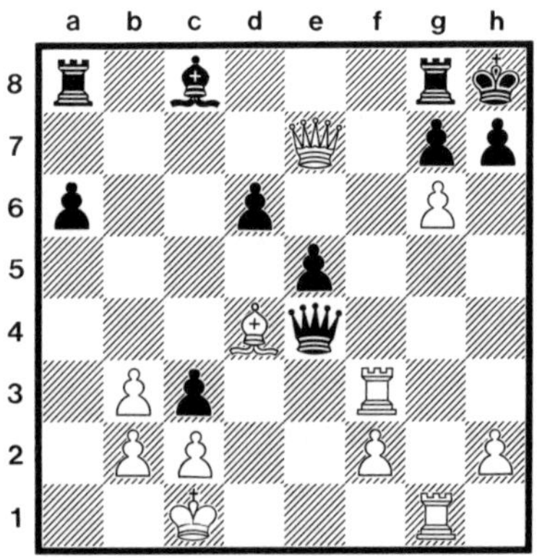

Weiß am Zug

Diagramm 141
Reshevsky – Ivanović
(Skopje 1976)

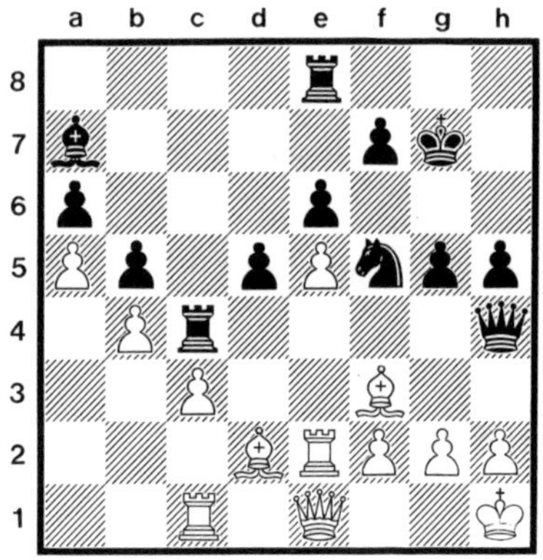

Schwarz am Zug

Diagramm 142
Katalymov – Muchin
(UdSSR 1976)

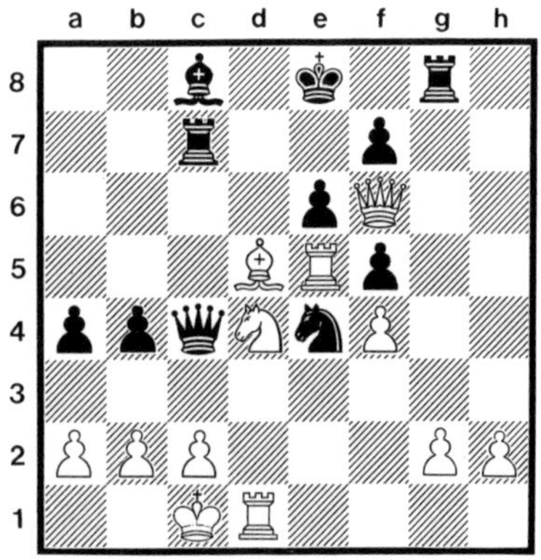

Weiß am Zug

Diagramm 143
Sinoserski – Iljinski
(Woronesch 1952)

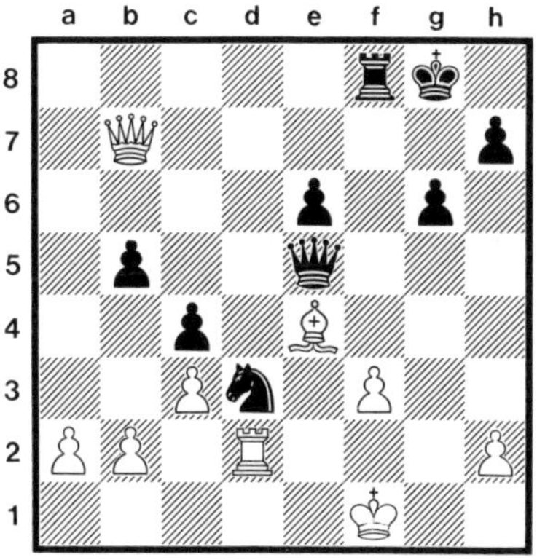

Schwarz am Zug

Diagramm 144
Kofman – Juchawitski
(Moskau 1936)

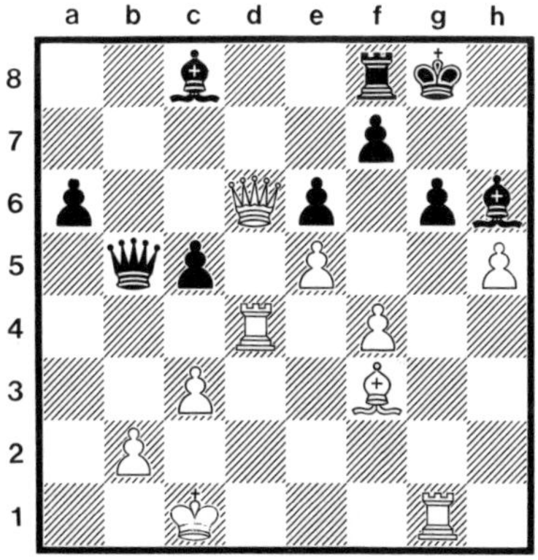

Weiß am Zug

Diagramm 145
K.A. Jänisch (1837)

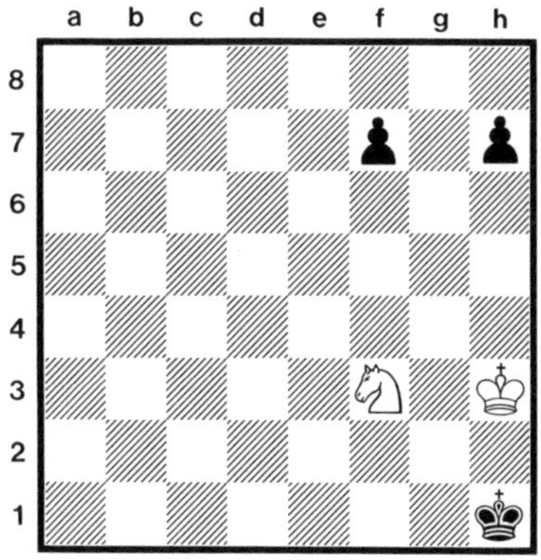

Weiß am Zug

Diagramm 146
Koskinen –Kasanen
(Helsinki 1967)

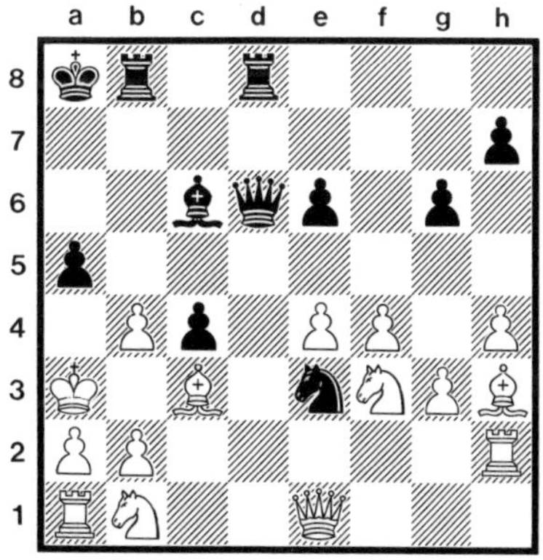

Schwarz am Zug

Vergleichen Sie Ihre Lösungen

(Nummern: Diagramm-Nummern)

8. 1.Dh3.
9. 1.Kf5.
10. 1.Td1.
11. 1.Lf5.
12. 1.Tc4.
13. 1.Db7! Kf5 2.Db4: Kf6 3.Df8 matt; 1. . . .b3 2.Kd6 Kf5 3.Df3 matt.
14. 1.Dd5 gf 2.Dc4† Ka5 3.Ld8 matt; 1. . . .g5 2.Dc5 gh 3.Lc2 matt; 1. . . .Kb4 2.Le7† Kc3 3.Dd3 matt.
15. 1.Ta4 (Drohung T1d4 und Tac4 matt) 1. . . .e5 2.Te4! Kc6 3.Tc4 matt.
16. 1.Df3 Kb5 2.Df4 Kc5 3.d6‡ 1. . . .Kb4 2.Kb6 Kc4 3.Th4 matt.
23. 1.Tc7† Td7 2.Dc5† Kd8 3.Kh6. Ein Wartezug, der Zugzwang hervorruft – Schwarz ist gezwungen, irgendeinen Zug zu machen, von denen jeder zu seiner Niederlage führt. 3. . . . Dc7: 4.Df8 matt; 3. . . .Tc7: 4.Df8† mit Gewinn der Dame. Wenn 3.Kg6 oder 3.Kf6, so verfügt Schwarz über ein rettendes Damenschach.
24. 1.De3† Kg6 2.De4:† Kg5 3.De3† Kg6 4.Lh5:† Dh5: 5.De6:† Kg5 6.Kg7! und erzwingt Matt oder Damengewinn. Oder 4. . . .Kh5: 5.g4† Kg6 6.De6:† Kg5 7.De3† Kg6 8.De7! und gewinnt. Nach 4.De6:†? Sf6† gewinnt Schwarz!
25. 1.Se5† Kd4 (1. . . .Kb4? 2.Sd5† und 3.g8D) 2.g8D Le4† 3.Kd6 Tg8: 4.Sb5 matt.
49. 1.Dg7:† Kg7: 2.Th8, gefolgt von 3.T1h7 matt. B. Cafferty, der Übersetzer der englischen Ausgabe, bevorzugt zu Recht die Vorschaltung von 1.Sg6:†, um zu vermeiden, daß Schwarz nach 1.Dg7:† Ke7 das Ende hinauszögert.
50. 1.Se7† T8e7: (1. . . .T2e7: 2.De7:!) 2.Td8† Te8 3.Df8†! Tf8: 4.Tf8: matt. Der Röntgen-Effekt des Td8, der auf das Feld f8 ausgeübt wird.
51. 1.Lh7:†. Ein Zertrümmerungsopfer. 1. . . .Kh7: (1. . . . Kh8 2.Td6: Ld6: 3.Th4 Le7 4.Lg7:† Kg7: 5.Dh6† und so fort) 2.Td6: Ld6: 3.Th4† Kg8 4.Th8† Kh8: 5.Dh6† Kg8 6.Dg7: matt. Der zweite Zug des Weißen ist nötig, weil er den Läufer von der Deckung des Feldes g7 abzieht.
52. Weiß hat gegen die geschwächte Königsstellung aktive Figuren gerichtet. 1.Lh7† (zieht den Springer nach h7) 1. . . . Sh7: 2.Tf7: (Ablenkung) 2. . . .Kf7: (2. . . .Sf8 3.Tg7†

Kh8 4.Td7† und 5.Td8:) 3.Dh7:† Ke6 4.Lc7! Dd7 5.Te1†. Führt die letzte Reserve mit entscheidender Wirkung in den Kampf.

53. 1.Dh7:† Kh7: 2.Sg6† Kg8 3.Th8† Kf7 4.Tf8†! Tf8: 5.d6 matt. Die schwarze Dame war, wegen der Notwendigkeit, f8 zu decken und den d-Bauern zu blockieren, überlastet.

54. Die in solchen Stellungen anwendbare Methode kennen wir bereits. Opfer zerstören die Deckung des Königs, der dann in das Angriffsfeuer der schweren Figuren gerät. 1.Lh7:† Kh7: 2.Dh5† Kg8 3.Lg7: Kg7: (3. . . .f5, das das Opfer ablehnt, bietet Aussicht auf längeren Widerstand, zumal 4.Dh8† Kf7 5.Dh7 Tg8 nicht mehr als ewiges Schach ermöglicht. Weiß hält den Angriff am besten im 4.Le5 Tf6 5.Td3 aufrecht.) 4.Td3 f5 5.Tg3† Kf6 6.Dg6† Ke5 7.Td3! Zieht das Mattnetz enger. 7. . . .Lc6 8.Te1† Le4 9.f4† Kf4: 10.Dg3 matt.

55. 1.Dh7† Kf8 2.Dh8† Ke7 3.Tf7:† Kf7: 4.Lg6† Kg6: 5.Dh5 matt. Zwei Opfer ziehen den König in ein Mattnetz.

56. 1. . . .Se2† 2.Te2:. Der Turm blockiert nun die Flucht des Königs. 2. . . .Tf1†! 3.Kf1: Dh1† 4.Kf2 Sg4 matt.

76. 1.Th3 h6 (1. . . .Le6: 2.Th7:† Kh7: 3.Dh5 matt; 1. . . .Te8 2.Dh5 h6 3.Sg7:! Kg7: 4.Dh6:† Kf7 5.Dg6† und Th8 matt) 2.Dd2. Doppelangriff, drohend 3.Dd7: und auch 3.Th6:†. Läufer verloren.

77. 1.Ld5! ed (Sf8 2.Te6: S8e6: 3.Te6: Se6: 4.Le6:† Kf8 5.Sf5!) 2.Dg7:† Kg7: 3.Sf5† Kg6 (Kg8 4.Sh6†!) 4.Te6† Sf6 5.Tf6:† Kg5: 6.T1e6 Tg2† 7.Kg2: Dd8 8.Se7! und gewinnt.

78. Keine Verteidigung gegen Dh1†? Weiß rettete sich mit 1.Ld4 Td4: 2.Dc3† Kb8 3.Dd4: Le5 4.Dd7 Tc8 5.Tf7: Dh1† 6.Kf2 Dh4†. Remis durch ewiges Schach.

79. 1.e6† De6: 2.Lg6:† Kg6: 3.f5† Lf5: 4.Sf4†.

80. Weiß gab auf und verpaßte den Gewinnweg 1.Te8† Kd7 2.Te3! Dh4 3.Td4:† Dd4: 4.Td3!! Dd3: 5.Se5†.

81. 1.Sb7: Tb7: 2.Db7: Db7: 3.Tc8: Kf8 4.Tb8! (Die Pointe. Die Gabeldrohung gibt Weiß die Chance, in das gegnerische Lager einzubrechen. Falls nun 4. . . .Da7, so 5.T1c8 Sc7 6.Sc6.) 4. . . .De7 5.Ta8: g6 6.T1c8 Kg7 7.Te8: und so fort.

82. 1.Te5: De5: 2.Db8:! c2† 3.Kc2: Dc5† 4.Kb1 Db6: 5.Dc7!

83. 1. . . .Db2! 2.Dd1 Df2:†.

84. Nein! 1. . . .Dg2:† 2.Kg2: Se3† 3.Kf3 Sd1: 4.c4 und der Springer ist gefangen.

125. 1.Th7† Kg4 2.d7 Td2 3.Th4†! Kg3 4.Td4! Td4: 5.Se2† und 6.Sd4:.

126. Nein! 1. . . .Tb2 schwächt die Grundreihe. 2.Td1 (spielbar ist auch 2.Tb1) 2. . . .Da8 (2. . . . Tc2: 3.Td5: g6 4.a7 Ta2 5.Td8†) 3.De4! Tb8 4.Tb1! c2 (4. . . .Tf8 5.Da8: Ta8: 6.a7) 5.Tb8:† Db8: 6.a7 Dc8 7.a8D c1D 8.De8†!.

127. 1. . . .Tc1† 2.Kb2 (2.Kc1: La3:†) 2. . . .Ld4†! 3.Sd4: Tb1†!.

128. 1. . . .La3†! 2.Ka3: b4† 3.Ka4 3.Ka4 (3.Lb4: Dc1† 4.Ka4 Sb6 matt) 3. . . .Sb6† 4.Kb4: Tb5† 5.Ka3 Dc1† 6.Lb2 Sc4†! 7.Ka4 Sb2:† 8.Ka3 Sc4† nebst matt.

129. 1. . . .Tc2:! 2.Kc2: b3† 3.Kd3 Dd5:† 4.Ke2 De4† 5.Kf2 Lc5† 6.Kg3 Tg8† 7.Lg5 fg 8.fg De3† 9.Kg4 Tg6 10.Dh5 f5†! 11.Kh4 Le7 12.g3 Dg5:†! 13.Dg5: Th6 matt.

130. 1. . . .De1† 2.Td1: Sf2† 3.Kg1 Sh3:† und Rückgewinn der Dame.

131. 1.hg† Dg6: 2.Tf5! Kg8 (sonst Th5†) 3.Tf8†. Oder 1. . . .Kg8 2.Tf7, gefolgt von De4-g4-h5.

132. 1.Sh7:! Kh7: 2.Dh5† Kg8 3.Lg6: Tf7 4.Dh7† Kf8 5.Lh6! Lh6: 6.Dh6:† Dg7 7.Te8†!.

133. 1.Tb3 Da1 (1. . . .Db3: 2.Lg7: Lg7: 3.f6) 2.f6 Lf6: 3.Lg7: Lg7: 4.Lh7† Kh8 (4. . . .Kh7: 5.Ta1: La1: 6.Th3 matt) 5.Ta1:La1: 6.Le4!Lg7 7.Th3† und 8.Th7.

139. 1.Lh7† Kf8 (um die Dame zu retten) 2.Se6† fe 3.Ld6: matt.

140. Weiß zog 1.gh und versäumte 1.Dg7:† nebst Matt in zwei Zügen.

141. 1. . . .Dh2:† 2.Kh2: Th4† 3.Kg1 Sg3 und 4. . . .Th1 matt.

142. 1.Le4: fe 2.Dd8† Kd8: 3.Sc6† Ke8 4.Td8 matt.

143. 1. . . .Tf3:† 2.Lf3: (2.Kg2 Dg5† 3.Kf3: Df4† 4.Ke2 Df2† 5.Kd1 De1† 6.Kc2 Dc1 matt) 2. . . .De1† 3.Kg2 Sf4 matt.

144. 1.hg cd (1. . . .fg 2.Tg6:† Lg7 3.De7 Tf7 4.Td8†, oder 2. . . . Kh7 3.Th6:† Kh6: 4.Df8:†) 2.gf† Kh8 (2. . . .Kf7: 3.Lh5 matt; 2. . . .Kh7 3.Le4† Kh8 4.Df8:† Lf8: 5.Tg8 matt) 3.Df8:†! Lf8: 4.Tg8† Kh7 5.Le4† Kh6 6.Th8† Kg7 7.Th7 matt.

145. 1.Kg3 f5 2.Kf2 h5 3.Kf1 h4 4.Kf2 f4 5.Kf1 h3 6.Se5 Kh2 (6. . . .h2 7.Sg4, 8.Sf2 matt) 7.Kf2 Kh1 8.Sg4 f3 9.Kf1 f2 10.Sf2:† Kh2 11.Se4 Kh1 12.Kf2 Kh2 13.Sd2 Kh1 14.Sf1 h2 15.Sg3 matt.

146. 1. . . .Db4:† 2.Lb4: Td2!! (ein bemerkenswerter Schnitt-punkt-Zug) 3.Dd2: (3.Td2: ab matt, oder 3.Ld2: Sc2 matt) 3. . . .Sc2† 4.Dc2: ab matt.

Bücher für Schachspieler

Michail Botwinnik
15 Schachpartien und ihre Geschichte
Der Ex-Weltmeister beschreibt 15 seiner berühmten Partien, mit denen er seine großen Titel errang. Er analysiert und kommentiert die einzelnen Züge und zeigt auch die Möglichkeiten, die zu anderen Ergebnissen geführt hätten. Darüber hinaus berichtet er über persönliche Erlebnisse, die im Zusammenhang mit den Spielen standen und oft über Sieg oder Niederlage entschieden haben.
78 Seiten, 46 Diagramme.

Theo Schuster
Unvergessene Schachpartien
Schicksale berühmter Schachmeister: Von Morphy bis Aljechin.
Die berühmten Schachmeister, ihre Siege und Niederlagen, ihre faszinierenden und auch tragischen Schicksale werden in Kurzbiographien geschildert. Die kommentierten und mit 82 Diagrammen illustrierten 65 Partien reichen von der „Unsterblichen" und der „Immergrünen" von Anderssen, von Morphys Kurzpartie unter den Klängen der Pariser Oper (1858) bis zur gigantischen Finalpartie zwischen Aljechin - Capablanca beim Match im Jahre 1927.
132 Seiten, 82 Diagramme.

Theo Schuster
Schacheröffnungen für Anfänger und Fortgeschrittene.
Varianten und Beispiele in Theorie und Praxis.
Das Gefährlichste beim Schachspiel ist der Anfang. Oft sind die ersten Züge, die Eröffnung, für den weiteren Verlauf des Spieles ausschlaggebend. Dieses Buch ist eine große Hilfe für jeden Schachbegeisterten, denn es bietet alle für die Praxis notwendigen Eröffnungen wie Königsbauer, Halboffen, Damenbauer, Indische Eröffnungen und Flankenspiele. Es ist für den ungeübten Anfänger ebenso geeignet wie für den Könner. Die über 30 Schacheröffnungen werden veranschaulicht und abgerundet durch 92 Diagramme.
79 Seiten, 92 Diagramme.

Theo Schuster
Schachlexikon
Spiel und Sport, Partien und Probleme, Großmeister und Geschichte von A - Z.
Sind Sie ganz sicher, daß die Umwandlung einer 2. (3., 4.) Dame erlaubt ist, wenn sich die erste Dame aus der Grundstellung noch auf dem Brett befindet? Gibt es die Spielregel, daß man im ersten Zug zwei Bauern gleichzeitig ziehen darf?
Theo Schuster gibt auf diese und ähnliche Fragen Anwort. Es werden aber nicht nur Schachregeln diskutiert, sondern Schachbegriffe von A - Z ausführlich erklärt, zum Beispiel „Blindspiel", „Simultanvorstellung" oder „Schach mit dem Computer". Ein kleiner Ausflug in die Geschichte des Schachs und ein Blick in die Schachzeitungen runden das Lexikon ab.
160 Seiten, 14 Fotos, 3 Zeichnungen, 81 Diagramme.

In Ihrer Fach/Buchhandlung erhältlich!

Franckh/Kosmos, Stuttgart